儿童 · 教师双成长的
课程建设与实践

林密　主编

见证你的每一次成长！

深圳出版社

图书在版编目（CIP）数据

儿童·教师双成长的课程建设与实践 / 林密主编.
深圳 : 深圳出版社, 2024. 11. -- ISBN 978-7-5507
-4115-7

Ⅰ. G612

中国国家版本馆CIP数据核字第2024JF7779号

儿童·教师双成长的课程建设与实践

ERTONG · JIAOSHI SHUANGCHENGZHANG DE KECHENG JIANSHE YU SHIJIAN

出 品 人　聂雄前
责 任 编 辑　邓　雅
责 任 校 对　张丽珠
责 任 技 编　梁立新
装 帧 设 计　恒略设计

出版发行　深圳出版社
地　　　址　深圳市彩田南路海天综合大厦（518033）
网　　　址　www.htph.com.cn
服务电话　0755-83460330（编辑部）　　0755-83460239（邮购、团购）
电子邮箱　szzn@htph.com.cn
设计制作　深圳市恒略技术服务有限公司
印　　　刷　深圳市华信图文印务有限公司
开　　　本　787mm×1092mm　1/16
印　　　张　17
字　　　数　270千字
版　　　次　2024年11月第1版
印　　　次　2024年11月第1次
定　　　价　48.00元

编委会

序一

早在 2014 年，我就看到了深圳市第一幼儿园实施的课程了。当时，该幼儿园举行了综合教育课程阶段成果总结及认证大会，赵园长邀请我去观摩了她们的综合教育课程成果。而今，近十年过去了，那次认证会在我头脑中还是有很深刻的印象的，例如该园所表达的课程理念是与国家意志、社会需求相一致的，即既要尊重幼儿的学习需要，为幼儿提供想学的、能学的，又要关注社会的需求，引导幼儿学习他们应该学的。

今年，我又一次来到深圳市第一幼儿园。据宋园长和林园长介绍，这几年幼儿园经历了校舍重建、借址办学、人员缩减的情况，但所幸的是对课程的思考从未停止。如今，新落成的校园里来了一批新的教职工。随着新时代对幼儿园教育的再思考，近两年来该园在课程实践中又有了一些新的调整。

该园将课程理念表述为"支持儿童与教师双成长"，并运用了一个三角形的关系图说明课程、幼儿、教师是课程建设和实施中相互影响的三个要素，任何一方的变化都会影响另外两方的状态。两位园长在进一步解释这个课程理念时用了三个短语：尊重自然，引领发展，面向未来。这样的表述很容易理解，即既要顺应当下深圳学前教育的发展趋势，也强调了教师需要运用教育智慧去判断教育的价值，发挥教育的引领作用。可以说，这样的表述在幼儿园实践的层面上是务实有效的。

幼儿园课程是连接理论与实践的桥梁，桥梁架不起来，教师就无法过桥，就不知道要做什么，自然也就无法在幼儿身上体现出好的教育效果。为了帮助教师把握好幼儿园教育的目的性和计划性，该园在课程实施方案中提供了三级课程目标，提炼了不同类别资源的筛选方法，对主题探究活动、领域教学活动和劳动教育课程做了梳理和罗列，也为教师组织教学提供了切实的实施路径。其实，该园的课程更倾向于要提炼便于教师实施教学的方法，并证明这些方法的可行性，因此该园运用了一些主题探究的活动案例和一些教研活动的案例，来说明课程实施路径的适用性。

可以看到，不管是在课程实施方案里，还是在课程的实践中，深圳市第一幼儿园一直期望有效地解决"预设和生成"的问题。预设和生成是课程建设和实施中的一个关键问题，它体现的是课程内容结构化的程度，也反映了教与学的关系。该园解决这一问题的思路是，一方面认可幼儿是经验的主动建构者，鼓励幼儿参与到所创设的环境之中，并对各种话题有自由发表看法的机会，毕竟幼儿"会做的""能做的"是教育的出发点之一；另一方面又要求教师针对幼儿的发展和需要去做好有目的的预设，教师在教育的过程中是引领者，而不是跟随者。所有在教育现场做出的价值判断和学习引导都是需要教师运用教学智慧来实现的。在这个过程中，教师与幼儿的发展都能得到尊重与支持，这是该园课程的特点之一。

总之，通过多年来的思考和实践，该幼儿园认定课程建设必须回归到价值和逻辑的问题上来，即需要切实解决教师教什么、怎么教，幼儿学什么、怎么学的问题。

我认为，深圳市第一幼儿园的课程实践研究历经了二十多年，对教育价值的判断，对教育逻辑的思考，还有对课程、幼儿与教师关系的梳理等问题的深层次反思，以及对教育实践的调整是十分有意义的。该园教师不断进取的精神是值得加以肯定的。

深圳市第一幼儿园是一所与深圳经济特区同步成长的幼儿园，在课程建设发展的每一个阶段，园长和整个团队都为此付出了极大的心血。现在，课程逐渐呈现开放、灵动及不断生长的面貌，也彰显了深圳城市创新、包容、智慧的风格。

我期望深圳市第一幼儿园团队能为深圳乃至全国幼儿园教育的高质量发展继续贡献力量。

华东师范大学　朱家雄

2023 年 10 月

序 二

　　深圳市第一幼儿园（下简称"一幼"）创办于1979年，是沐浴在改革开放的春风里成长起来的幼儿园，是在深圳经济特区建设与发展历程中经历风雨洗礼，乘风破浪，以深圳速度快速发展的优质公办幼儿园。它的创建与发展既印刻着深圳改革开放的历史足迹，也彰显了开放创新、先行示范的深圳精神。

　　儿童和教师双成长课程理念的提出与发展基于一幼几十年的教育教学实践与探索，经过了起步积淀、探索更新、发展传承、深化推广四个阶段。2016年的园舍重建给了一幼回首过往和重新审视幼儿园建设与发展的时间契机，并着手梳理幼儿园的教育教学理念与实践。2021年园舍重建完成，新校园新气象。原有的课程理念与实践经验在新的环境与空间中碰撞引燃新的思考与发现，给了一幼变革创新的广阔天地。同时，一幼面临教师团队分流，一批充满活力的年轻教师加入一幼。这些年轻的新手教师在一幼将获得什么样的专业成长与发展，她们会培养出什么样的儿童，会把一幼的发展带往何方？这些新鲜血液的注入与融合，给了一幼面向未来开创新局面的责任使命与教育勇气。

　　一幼在积淀的文化土壤与未知的探索旅程中寻找课程建设的新的生长点。儿童和教师双成长的理念正是在这样的发展背景和情境下，在时光穿梭中穿透层层土壤，破土而出，萌新吐绿。

　　儿童和教师双成长的课程理念，来自"教学相长"的中国优秀传统教育思想的历史滋养与启发。《礼记·学记》有云："是故学然后知不足，教然后知困。知不足，然后能自反也。知困，然后能自强也。故曰：教学相长也。"教和学是相辅相成、相互促进的。儿童和教师双成长的课程理念体现了对"教学相长"这一教育思想的时代思考和变革创新。通过儿童、教师与课程三者之间的动态互动，强调儿童和教师作为课程的共建者，在教与学的过程中相互促进、共同成长。课程在滋养儿童和教师成长的同时，儿童和教师也在不断推动课程的建设与发展。

同时，儿童和教师双成长的课程理念吸收了建构主义关于儿童学习与发展的相关理论思想与成果，认为儿童是有能力的、主动的学习者，同时强调教师在儿童成长过程中的支持与引领。

其一，强调儿童的主体地位和自主学习的能力，即儿童不是被动的学习者，而是积极主动的学习建构者。儿童在学习知识的同时，还通过自主探究与表现创造等多种方式来生产新的知识，贡献新的创意与智慧，丰富对世界的认识与理解。

其二，关注教师的教育教学与自我成长。教师是教育者，同时也是学习者。教师的自我成长与发展蕴含在其教育教学实践之中，教师在支持和引领儿童发展的同时，其专业知识与教育智慧也在持续不断地增长。教师不是儿童成长过程中的旁观者、局外人，而是与儿童的成长和发展紧密相连，是儿童成长的深度参与者、支持者、引领者、陪伴者、守护者。

其三，课程作为幼儿园教育教学的重要载体，是在儿童与教师的深层互动和深度参与的过程中共同建构的。课程是儿童与教师共同创造的知识载体，同时也是促进儿童与教师发展的智慧源泉。

儿童和教师双成长的课程从课程目标、课程资源和内容、课程实施方法、课程评价等层面进行了系统、翔实的论述，同时辅以生动的课程故事、具有反思性的教研活动记录，具体阐释了儿童和教师双成长的课程体系和具体的实践策略，从理论和实践相结合的角度呈现了儿童和教师双成长的课程理念与实践探索。

儿童和教师双成长课程在中国式教育现代化的时代背景下，充分吸收国内外优秀的教育思想，构建具有理论底色和实践经验的园本课程，为促进中国学前教育高质量发展贡献深圳力量。相信儿童和教师双成长的课程在今后的实践与推广过程中会不断深化，发展出新内涵、新特色，滋养更多儿童与教师的成长。

熊和妮

深圳信息职业技术学院教师

目 录

前　言

本书的诞生，是为了记录深圳市第一幼儿园教学管理基于原有课程文化，在 2016 年园舍重建以来课程思考和探索的崭新故事。

成书历程

20 世纪 90 年代，深圳市学前教育迎来了蓬勃发展的时期，掀起了园本课程建设的热潮，而深圳市第一幼儿园作为 1979 年诞生、与特区共成长的一所"老园"，从以集体教学、教师为中心的课程到逐渐看见儿童，以幼儿为主体开展区域、主题探究的课程，已经走过了 40 余年的课程建设历程。

2011 年深圳市第一幼儿园出版了"幼儿园综合教育课程主题活动方案"丛书，凝聚了教师积累的 28 个主题活动资源，这是本园园本课程建设思考的一次阶段性成果，表明幼儿园教师团队从被动跟随到主动建设园本课程的转变，课程提出"尊重幼儿的自然发展，并将其发展纳入社会要求的轨道"的教育理念。朱家雄教授在 2014 年参加了我园园本课程认证会并对课程理念表示高度认可。

此后，我们不停步地在实践中探索和思考。2016 至 2021 年，我园经历了漫长的园舍重建，教师团队分流，但教学管理层利用这段时间重新审视课程实践现状，结合学前教育发展趋势梳理未来课程发展的方向。2019 年，园本课程实施方案重新规划了课程理念、目标、方法等，获得"广东省基础教育教学成果一等奖",这是对我园课程建设的巨大肯定。

但该成果只是方案,还缺乏实践的应用与检验。2021 年,园舍完成重建投入使用,我们迎来了一批充满活力的年轻教师。面对新园舍、新教师团队、校园环境创设从"无"到"有"、新教师教育经验从零起步,作为市属园、学区中心园,幼儿园还承担着帮扶引领等多项任务,我们的课程建设就在这样充满挑战的情况下重新迈步。我们将课程实施方案在我园和受罗湖区委托管理的深圳市罗湖区深业东岭幼儿园进行实践验证,通过观察、访谈、研讨等多种方式了解课程实施情况、教师和幼儿的成长来判断方案的可行性,有针对性地调整完善。

兴许是在迷雾中,人能更加定心于理想。在新园近两年对教师课程实践的支持中,我们愈发看到了教师和孩子们身上的力量,塑造了"见证你的每一次成长"的园所品牌理念,对课程的定位愈发清晰,由此更加坚定了"支持儿童与教师双成长"的课程目标,对课程、儿童与教师的关系以及课程方法都有了进一步的认知与思考,并且将课程建设中的思考、教师的课程实践过程性资料整理成书。一是作为该阶段的课程成果总结,激励我们继续前行;二是向学前教育同人讲述我们的课程建设故事,看到幼儿的"健康、乐群、聪慧",看到教师的"有爱、有知、有趣",看到课程的"灵动、开放、生长"。

学术价值

本书有两个重要观点:一是看到课程中教师与儿童的双主体地位,验证了课程、儿童与教师三者之间相互支持、相互促进的关系;二是在课程实施中,教师的"预设"与"生成"的关系不是要保持均衡,而是有着灵动的比例,也就是说,预设和生成的"天平"是跟随儿童与教师的需要而调整的,当然,这种调整需要教师的智慧和儿童的参与。如果您对这些观点感兴趣,那么欢迎您来读一读,和我们一起探讨。

另外，在本书基本完成之际，我们迎来了 2022 年《深圳市幼儿园课程建设指引（试行）》的出台，仔细研读其中的要求，会发现我们的园本课程与其中的理念和要求是非常契合的，这也让我们对课程建设的分享更加充满信心，也更加坚定地继续前行。

林密 石梅 康璐昕

我们都从儿童来，

可你还记得起多少年少时光？

斑驳的阳光、青草和泥土、紧紧拉着的小手……

成长的点滴总会被记忆留存，

那些色彩里一定包含着欢乐、委屈、困惑、憧憬……

如今，我们成为陪伴幼儿童年和成长的人，

你是否在思考着，

为未来的他们创设更好的环境，

提供更好的课程、更好的陪伴？

我们是一群奋发向上的伙伴，

在这里，我们思索、行动、见证着成长，

噢，这当然谈不上严谨的学术，

不过是记录着真诚又鲜活的片段，

欢笑，汗水，

收获，不足，

荣誉，反思。

或来自幼儿，

或来自幼儿园教师，

或来自幼儿园管理者……

一则则真实的故事，

编织出我们的课程探索之路。

第一章

我们和我们的课程

一、关于"我们"

我们是一群深圳幼教人，但我们又有些特别，因为我们工作于深圳市第一幼儿园。

市一幼建园于 1979 年，是一所与特区同成长的幼儿园，坐落在深圳最早实行改革开放的罗湖区。幼儿园位于"深南大道""布吉河""东门"这几个地标的交会处，在教室里既可以看到车水马龙、高楼林立，也可以看到河水粼粼，白色翅膀的大鸟或是站在河边石头上，或是停在凤凰树的枝叶间；走出幼儿园，又可以感受到东门的繁华喧嚣。

都说幼儿园的课程建设是学前教育阶段最重要、最繁难、最易被误解的课题之一，市一幼的课程建设自 20 世纪 70 年代以来经历了从照本宣科、盲目跟风到理性思考的过程。这种传承与发展体现在多方面，在园舍上，原有的城堡式蓝色建筑推倒重建，如今传统方正风格的崭新建筑正生机勃勃地孕育着灵动的课程资源；在教师团队上，每天清晨站在幼儿园门口迎接小朋友的，有超过 30 年教龄的老师，也有刚刚走出大学校园的应届毕业生；在课程实践上，本部和托管园区基于相同课程理念和课程方案支架上的不同课程进行实践。

回顾课程建设的数十年，参与其中的管理者和实践者在此过程中不断反思、调整，逐渐形成基于深圳本土、融合不同年代教育理念、较为统一的园本课程基本共识：

　　　　每个时期的课程都有其合理之处。

课程建设是一个动态发展的过程，课程目标随着社会要求发生调整，所有参与到课程中的人、事、物作为课程资源都对课程的生态产生影响。

课程支持着幼儿和教师的成长，与此同时，幼儿和教师的积极参与也推动课程不断完善、发展。

随着实践探索的不断深入和对幼儿园教育的深度思考，我们对课程建设的理解也发生了变化。我们发现，课程建设不能停留在管理层对课程建构的顶层设计，也不能只依靠保教团队对课程的理解与实施，更重要的是要关注幼儿与教师在课程中的互动与共同成长。在长期探索和思考的过程中，我们逐渐提炼出幼儿与教师双成长的共同体模式。具体来说，一是课程、幼儿、教师是鼎足而立的关系，课程支持幼儿与教师的学习和成长，幼儿与教师不断深入的学习和成长也推动课程持续完善、发展。二是幼儿与教师是课程中的双主体，幼儿是主动的学习者，他们能动地使用课程和教师提供的所有资源进行学习和创造，不断建构新经验；教师通过观察幼儿的已有经验，结合发展目标判断最近发展区，在提供适宜的支持和引导的过程中，不断丰富、提升自己的教学机智。可以说，二者在教与学的过程中不断互动、相互支持、互相成就。

二、课程的生长历程

课程建设的历程，实际上是我们对课程理解不断深化的过程，也是我们对在教与学过程中幼儿、教师角色定位认识的不断完善的过程。比如说，从教学模式上看，我们经历了从完全以学科分类的集体教学，教师预设的综合主题活动，到与幼儿自主的区域活动相结合，再到关注教与学过程中的预设和生成，这个变化的过程与对教育本质、教育对象理解的不断深入息息相关。

当我们不再认为幼儿的学习应该是统一的内容和进度，而是基于不同经验之上的主动建构；当我们不再以幼儿"能被看见的表现"作为评价的内容，而是倾向于关注师生间的对话、氛围以及隐藏在表现后面的学习品质；当我们不再依赖前人留下的"教材"，而是利用当下生活、情境中的大量资源进行学习内容的转化，我们的课程在建设过程中便逐渐呈现出开放、灵动，以及不断生长的面貌。

"双成长"课程基于幼儿园几十年的教学实践、管理和反思，经历了传承、调整、验证，再不断循环的过程，是从完全高结构化走向与低结构化平衡的发展过程。课程建设主要经历了四个阶段。

起步积淀阶段（1979 年—2000 年）

建园之初，幼儿园的办学目标是解决深圳建设者（机关事业单位工作人员）在子女教育上的后顾之忧，最初的教师团队中有小学教师、回城知青、工厂工人等。为了保证基本的教学效果，幼儿园使用国家统编教材作为教学参考，每学期制定基本固定的课程表。教师在学期初制订好本学期的教学计划，学期中分为语言组、数学组按年龄段进行集体备课，语言组教师备语言、音乐、常识三个学科的教学内容，数学组教师备计算、美术、体育三个学科的教学内容，教学园长对所有教案进行审阅批改。教具以自行绘制的图片为主。

20 世纪 80 年代后期，幼儿园在补充教师队伍时全部招聘学前教育专业毕业生，开始重视幼儿玩具的配备。进入 90 年代，幼儿园以周计划代替了课程表，教师在活动安排上的自主性和能动性有所提升；幼儿园开始组织教师到广州等地参观学习，随着教师思路逐渐拓展，园内开始形成活动区的雏形，教师针对教学内容制作游戏材料供幼儿操作，巩固其对教学内容的理解，数学学科配有专门的操作卡片。

直至 2001 年以前，幼儿园的教学是完全以教师、教材为中心，通过集体备课、以集体活动的形式开展分科教学、展示教学活动、组织大型活动等方式提升教师素养，教师对各学科的教学目的、线索非常熟悉，也积累了丰富的教学组织经验；幼儿的时间观念、规则意识、自主能力较强。但反思课程建设的过程，这个阶段的课程更多强调共性、规则，对教师和幼儿在个性化、想象力、探索力的发展上缺乏支持。

图 1.1　幼儿在操场上进行活动（20 世纪 80 年代）

图 1.2　教师带领幼儿进行学习活动（20 世纪 80 年代）

图 1.3　幼儿在操场上进行活动（20 世纪 90 年代）

图 1.4　教师集体备课（20 世纪 90 年代）

探索更新阶段（2001 年—2010 年）

2001 年，随着《幼儿园教育指导纲要（试行）》（下简称《纲要》）的颁布以及广泛开展的《纲要》解读、学习活动，课程建设的关注点逐渐从教师转向幼儿，从集体教学转向以教师预设为主的主题探究活动。

教师开始尝试以主题为线索开展教学活动，但教学内容仍强调紧扣主题的学科知识。幼儿园为教师配备两种教材，一是以主题活动为线索[1]，二是以五大领域知识为线索[2]。教师开始关注幼儿学习的主动性，继续分为语言组、数学组，以年级为单位开展集体备课、教研和展示汇报，在相互参考、模仿、借鉴中注重解析教学内容，逐渐形成自己的教学风格。

教学形式仍以集体活动为主，但重视教学方法创新，日常活动常出现分组、演示等形式；教具丰富；目标明确的教学游戏在设计和组织水平上不断提升；积累的大量主题活动记录形成了最初的以年龄段为主线的主题教学案例资源库，成为教师教研、幼儿学习的主要内容。

在这个时期，各班已经开始设置活动区并引导幼儿进行区域活动，每班每周都有进区时间。为了帮助教师掌握区域设置和材料制作的方法，幼儿园组织外出参观，园内也开展相关培训。区域活动和当时曾引入的珠心算、快乐识字、速算等，成为学科集体活动的补充。

本阶段强调认知的系统学习，强调在集体中的共性，教学形式丰富活泼，对幼儿、教师的主观能动性和创造性重视不足。

图 1.5 副园长组织进行园本培训

图 1.6 带领幼儿在户外认识蝴蝶

1《幼儿教育》编辑部编. 幼儿园综合性主题教育课程设计 [M]. 北京：外文出版社，1993.
2 张慧和，顾荣芳主编. 健康小班 [M]. 南京：南京师范大学出版社，1997.

图 1.7　开展综合活动"捡树叶"

图 1.8　幼儿在角色区游戏

图 1.9　幼儿早晨来园做早操

图 1.10　在植树节开展警民共建活动

发展传承阶段（2011 年—2018 年）

　　前期积累的大量教学资源让教师淹没在资源的海洋中，亟须对资源进行梳理，因此幼儿园教学管理关注的重点从主题资源积累转向经验和资源的梳理归纳，总结教学策略方法，将教学资源对照教育理念和目标进行自我检验，归纳出"四进阶循环法"的课程实施方法，即教师带领幼儿通过"预设与引发""选择与学习""探究与表达""归纳与拓展"四个不断循环的阶段，不断扩大幼儿的自发经验范围，形成新经验。同时，教学管理层带领教师在前期积累的主题资源中精选了 28 个主题，于 2011 年出版了"幼儿园综合教育课程主题活动方案"丛书。

图 1.11　幼儿园出版的"幼儿园综合教育课程主题活动方案"丛书

"四进阶循环法"实施策略图

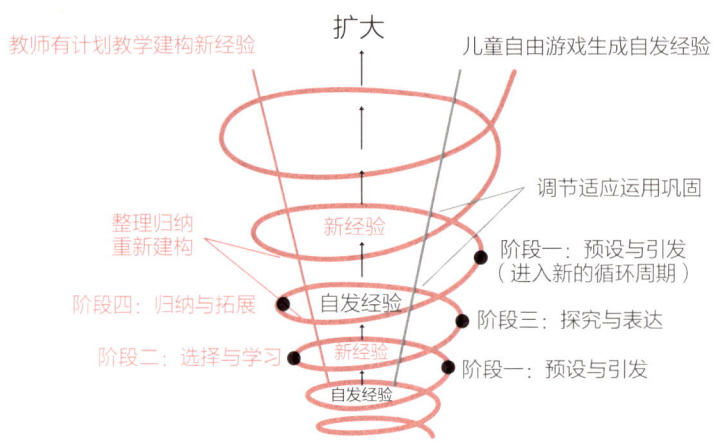

图 1.12　"综合教育课程"提出的"四进阶循环法"实施路径

又经过三年实践检验，幼儿园在 2014 年召开综合教育课程阶段成果总结及认证大会，介绍了幼儿园课程建设的历程、课程理念、实施方法和课程实践成果。在本次认证会上提出"尊重儿童自然发展的同时，也要将儿童的发展有效地纳入符合社会需要的轨道，儿童应该进行有意义学习，幼儿园的生活要实现尊重与要求的和谐统一，成为引领幼儿全面发展的连续的教育过程"的观点，得到与会专家的认可。时任中国心理学会理事长莫雷、中国妇幼保健协会蒋竞雄博士、原中国教育学会学前教育专业委员理事长朱家雄签署了"课程实施成果论证书"。这大幅提升了教师的教学成就感，也为教学组织和实施提供了基础模板，保证教学品质。

图 1.13 综合教育课程阶段成果总结及认证大会

在接下来的几年，为了避免因反复使用积累的教学资源而出现以此为纲、照着做的现象，幼儿园鼓励教师关注幼儿的真实生活和真实经验，在实践中检验"主题活动方案"的可复制性、可推广性和当下的适宜性，通过教师讨论提出"尊重幼儿的成长规律，倡导全面发展""鼓励教师的教学研究，提高专业素养""注重学习的知行合一，开展生活教育"三条课程实施原则，要求教师提高对生成性学习内容的把握能力。

深化推广阶段（2019 年至今）

2019 年，我园园本课程实施方案获得"广东省基础教育教学成果一等奖"。同年，幼儿园园舍因重建，教师队伍分流。新园舍在 2021 年建成，教师队伍重新组建，新教师达 70% 以上，园本课程需要基于全新的情况进行调整。

由于原有课程方案需要与新园舍、新团队彼此磨合适应，我们一方面了解新情况，另一方面基于新情况对课程方案进行自上而下的调整。首先，调整课程理念的表述方式，让其更简单，更符合当下；其次，重新明确我们对幼儿、教师发展的期待，不仅提炼了发展目标的关键词，还将目标进行逐步细化；再次，结合实践对"四进阶循环法"进行流程简化，并在持续教研中带领教师共同建构、完善了"集体教学活动设计表""课程背景下的学习环境创设策略""活动评价要点""师幼互动语言策略"等方法；最后，通过开展聚焦"教师胜任力"的课题研究，完善课程评价中的"教师评价"模块内容。

在自下而上的课程实践中，2020年，园本课程在托管园区——深圳市罗湖区深业东岭幼儿园全面实施，2021年在我园实施，2022年承接广东省教育厅优秀教学成果推广项目推动课程在广东省河源市、汕头市推广应用，同年课程成果参加了深圳基础教育国际论坛等宣讲活动，此外我园还通过市、区各级平台和学区机制等对外示范，推广课程，将"双成长"的理念传播出去。

在这一系列实践和对外实践推广中，我们根据社会发展的要求反思教育理念，厘清课程的理论背景，明确儿童、教师和课程建设的相互关系；同时，也根据本园教师、应用园教师的教学实践，收集、整理来自教学实践一线的问题，汇总资源、调整框架。

三、课程中的我们

我们认为，课程中的主体是幼儿和教师，幼儿是我们的教育对象，而教育的效果正是通过幼儿的成长来验证的；教师，是落实教育的人，他们建构课程、实施课程，甚至他们也是课程的一部分。因此，当我们说起幼儿园课程的建构，就不得不去审视课程中的幼儿和教师。

孩子会自然成长。这点毋庸置疑，人类之所以能够不断地进步、发展，是因为在人的心里总是存在一种"有动力的、有目的的追求"，这种追求从孩子呱呱坠地时就开始了。这种努力无时不在，虽然并不一定让我们意识到，但我们总在追求更好的环境以提升自己。

但孩子的成长需要引导。虽然上文提到这种努力是与生俱来的，但也需要适宜的引导。难道我们可以干脆就放任孩子们自我成长，让他们随着自己的自我意愿发展？难道我们可以完全相信也许他们经过若干年也能够在一个良好的环境中成长为优秀的、符合当下社会规范的人？这显然不切实际，社会发展不会允许如此放任幼儿教育。《孟子》有云："圣人有忧之，使契为司徒，教以人伦。"康德也曾说："人只有通过教育，才能成为人。"儿童要从一个自然人成长为符合社会规范的人，就需要成人给予合适的指导，让他们尽快地感受、体验、理解我们的文化、历史、科技、社会常识，以及掌握成为一个独立的人所应具备的技能。因此儿童需要老师、需要教育。

每个幼儿园有不同的园舍、环境，不同的教师群体和幼儿、家长群体，也有符合园本适宜性的时间安排。因此，这些不一样的时间、空间和人的交织，就会形成有差异的园本课程。甚至即便在同一个幼儿园，课程也会因其中某个元素的变化而发生变化，所以课程不是静态的，而是生长的。

那么，让我们一起来看看课程中的我们究竟是怎样的样子。

我们眼中的儿童

　　我眼中的孩子是精力充沛、古灵精怪、充满奇思妙想、富有个性的。有热爱体育，喜欢竞技，耿直的；有爱跑爱跳，比较"臭屁"，会大胆地表达爱意的；有聪明冷静，内心细腻，还会察言观色的。虽然每个孩子都不一样，但都能在幼儿园里快快乐乐地不断成长。

　　　　　　　　　　　　　　　　——邵孜颖 配班 教龄 8 个月

　　在我眼中，孩子的样子应该是：快乐、健康的。

　　把快乐摆在第一位是因为我认为快乐能够带来无穷大的能量，孩子快乐是最重要的，他们得先感觉到心理上的能量刺激，才会有其他的冲动去接受新的刺激、获得新的感受、产生新的动力。健康是基础，只有健康的身体才能行万里路，有足够的基础资本去探索这个世界。

　　　　　　　　　　　　　　　　——林琳琳 班主任 教龄 18 个月

小朋友是天生的玩家，不管面对什么材料，哪怕只有一堆树叶，他们都会主动探索，玩出多种花样。

他们是游戏的主角，不论是一个人还是几个伙伴，他们都会把自己代入游戏情境，演出他们的经历或想象。

他们是独立的个体，有自己的思考、想法，会说出自己的价值判断，那天瑞诚把班里的小蝌蚪从小鱼缸里倒到老师搞卫生的大桶里，然后理直气壮地告诉大家："瓶子太小了，（蝌蚪）住着不舒服，桶比较大，蝌蚪会游得更开心。"

他们喜欢挑战，幼儿园那面高高的攀爬墙，他们害怕却又愿意挑战，说："老师，你来保护我。"渐渐地，他们在不断探索后越发自信起来，还尝试往下跳。

他们用捣蛋来吸引他人关注，他们用模仿来表达好奇，他们用画笔、舞蹈、黏土来表达对世界的感受，他们比成人更敏感、更本真……

——江艳云 班主任 教龄 32 年

孩子是纯真的、纯粹的，他们对事物的好奇和专注也会对家长有启发；同时每个孩子都有自己的独特优势，需要家长、老师共同来发现。

——任亦杨的爸爸

我眼中的"麦芽糖"是一个慢热又开朗、爱哭也爱笑、要强且自律、懂分享、记忆力和专注力比较好、性格执拗、偶尔耍小脾气的孩子。孩子的爸爸认为她有时会无理取闹，但我接纳孩子的全部。总而言之，在家长眼中自己的孩子永远都是最可爱、最完美的，而且是独一无二的，他们有自己的发展节奏，我们只需要静等花开。

——麦若旻的妈妈

儿童眼中的我们

老师是扎着头发的，还会给小女孩扎头发。我喜欢老师在每天上学的时候微笑着叫我做事情。喜欢老师哄我睡觉，但是现在我已经不用老师哄了。喜欢老师陪我们做手工。喜欢老师在我不开心的时候安慰我。

——邱嘉树小朋友

老师一直都会保护我们，她会抱抱小朋友。

——吴鸿乐小朋友

图 1.14

老师会带我们玩游戏、学功夫。老师很厉害。

——韩清予小朋友

图 1.15

老师带我们上课，还给我们读故事。

——刘子懿小朋友

图 1.16

我看到老师每天下班还要带电脑回家。

——卓文小朋友

图 1.17

图 1.18

我的老师长得很漂亮，很温柔，还很有本领。

——杜予汐小朋友

老师会画画，她像画家一样。

——江卓涵小朋友

图 1.19

　　当我们蹲下来看孩子，也让孩子看到我们时，我们的课程理念才能真正彰显。"尊重自然，引领发展，面向未来"，在这样的共识下课程建设、幼儿和教师的成长才能朝着同一个方向和目标迈进，实现教学相长，这也是我们对"儿童和教师双成长"的期许。

第二章

"支持儿童和教师双成长"课程介绍

尊重
自然

引领
发展

面向
未来

幼儿园教育是幼儿学校生涯中的第一步，基于国家立场、社会立场和文化立场，幼儿园课程应该把握立德树人的总目标，把幼儿培养为国家需要、社会需要的人；基于幼儿立场，幼儿园课程应该顺应幼儿的成长规律，激发他们内在的学习动机和兴趣，促进他们的学习和发展。

"双成长"课程以建构主义、生态学理论、维果茨基认知发展理论等作为理论背景，认为幼儿是有能力的、主动建构的学习者，教师有责任充分利用实际情境等资源去预设活动、引起幼儿的兴趣，师幼双方在和谐的互动、对话中，通过不断同化和顺应的过程达成经验的提升。基于对此理论的认识，课程以"尊重自然，引领发展，面向未来"为理念，依据《纲要》和《3—6岁儿童学习与发展指南》（下简称《指南》）的幼儿学习与发展目标，从儿童生活中选择学习内容，并以主题探究的形式组织和建构幼儿的生活经验，以关注学习历程的过程评价和注重发展建议的阶段评价为主要评量方式，在促进儿童全面和谐发展的同时，促进教师的专业发展。

"尊重自然"是对幼儿主体地位的充分肯定。建构主义强调幼儿学习的主动性，强调幼儿的探索与发现。因此我们要尊重儿童，要尊重幼儿自然生长的权利。每一位幼儿都是独特的生命个体，有其不可逾越的生理年龄特点，理应享有按其本性生长的自然权利。尊重儿童，还要尊重儿童现实的发展水平。学习与发展需要内驱力，而幼儿源源不断的好奇心和兴趣则是最好的内驱力，不同的孩子有不同的生长环境、不同的经验、不同的兴趣点，因此，幼儿"会做的""想做的"是最好的教育出发点。

"引领发展"是对教师地位和存在意义的强调。列夫·维果茨基（Lev Vygotsky）的最近发展区理论认为儿童发展存在两种水平：一种是儿童已经达到的发展水平；另一种是儿童可能达到的发展水平。表现为：儿童还不能独立地完成任务，但在成人的帮助下，在集体活动中，通过模仿，能够完成这些任务。幼儿的身心发展尚不成熟，在其自然生长的过程中需要成人的引领，且 3 ~ 6 岁是幼儿习惯培养及各方面能力发展的关键期。因此，要关注教师对幼儿最近发展区的引导作用，幼儿教师承担着为幼儿一生发展打好基础的重任。我们认为，教师的引领体现在能根据国家意志、社会发展对人才的需求，以及中华民族文化的要求，了解幼儿现有的经验水平，发现和把握他们的兴趣点，从而做出教育判断，找到恰当的教育契机，为幼儿创造"跳一跳能够得着"的最近发展区学习空间，选择适宜的教育方法支持和引领幼儿的发展，同时也获得自身的发展。

"面向未来"是指所有当下的教与学都是为了成就幼儿和教师全面的、连续的发展，为未来生活和幸福人生做准备。由尤里·布朗芬布伦纳（Urie Bronfenbrenner）提出的个体发展模型，强调发展个体嵌套于相互影响的一系列环境系统之中，系统与个体相互作用并影响着个体发展。当代社会已经进入了人工智能和大数据时代，国家的发展也进入了一个新的时代，我们必须思考在这样的社会背景下，要如何培养符合未来社会发展、国家发展的建设者和接班人。因此我们一切课程建构的理念和目标都指向为幼儿的终身发展奠基，为教师的全面、连续发展提供实践和积累。

因此，我们的课程应该基于和谐的师幼互动，不断完善儿童和教师的经验结构，支持儿童和教师的双成长。

一、课程目标

我们大家一起致力于建设承载着共同教育理念的课程，教师和幼儿是"教与学"中的双主体，他们与课程共成长。因为教师、幼儿都存在个体差异，所以课程应该有足够的开放性，才能最大限度地包容和支持师幼成长，成就其自身的不断生长。同理，由于其开放性，师幼能够发挥他们的能动性，充分展现个性，因此课程也就呈现出顺时、顺势而动的灵动性。

基于课程对灵动、开放、生长的追求，师幼关系就不可能是某一方始终在前，另一方始终在后的状态。例如，当基于幼儿发展需要进行预设时，教师走在前面；当幼儿投入地学习和探索时，教师在旁观察，在后支持；若幼儿出现概念性错误，教师又要及时走到前面澄清、引导。因此我们追求的教学从来不是纯粹以幼儿为主体的，更不是传统的按既定教材灌输式的教师为主体的，而是教师与幼儿共同成长的。

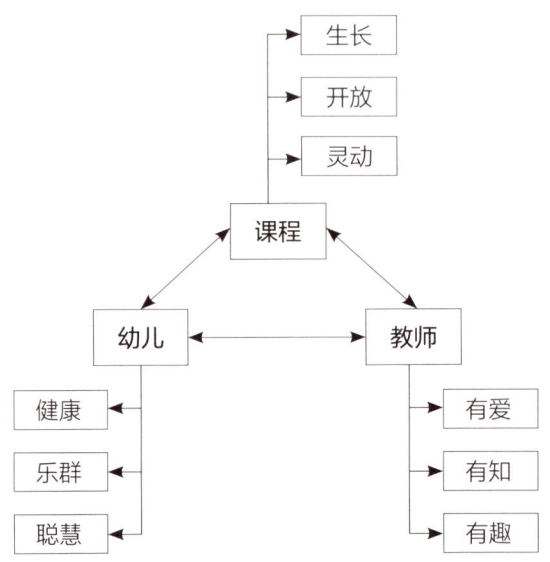

图 2.1 "双成长"课程目标

根据国家纲领性文件对幼儿提出的发展目标——"德智体美劳全面和谐发展"，结合国家培养 21 世纪人才的要求，"双成长"课程提炼对幼儿的培养目标为"健康、乐群、聪慧"三个关键词，并结合《指南》的领域、子领域目标进一步细化为课程的三级目标体系。

"健康、乐群、聪慧"三个目标相互独立，又相互依存、相互影响。"健康"指向幼儿的身心健康，"乐群"指向幼儿的社会性发展，"聪慧"指向幼儿的认知和审美。一个体态健康、情绪愉快、有良好生活和行为习惯的幼儿，会积极融入集体，在群体中展现出自信和自律，同时也会推动其自主性、好奇心和审美能力的发展。可见此三个目标密不可分，互相促进。

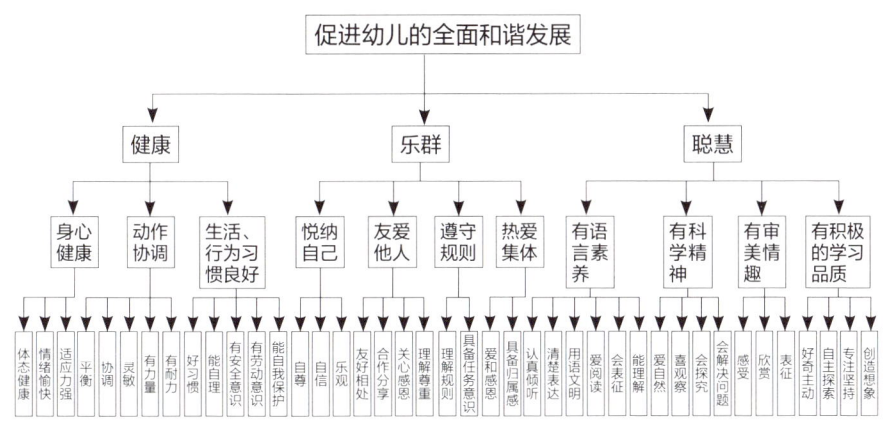

图 2.2 "双成长"课程幼儿培养目标（三级目标）

国家对教师专业素养提出了要求，希望教师做到师德为先、专业为重、终身发展。结合幼儿园工作的实际情况和需要，我们认为教师师德建设的出发点和目标应该指向对教育事业的热忱和对教育对象的爱护；教师专业性最显著的体现是其智慧、稳健、灵活的教育教学方法，同时，为了帮助孩子更好地理解、建构新经验，教师还应该善于根据不同年龄段幼儿的理解力进行清晰的表达；基于人的终身发展的考虑，我们希望教师能拥有独立、活跃、有深度的思维能力，也有广泛的兴趣爱好。为此，我们对教师发展提出了"有爱、有知、有趣"的成长目标，这三个目标分别指向师德、专业和终身发展。

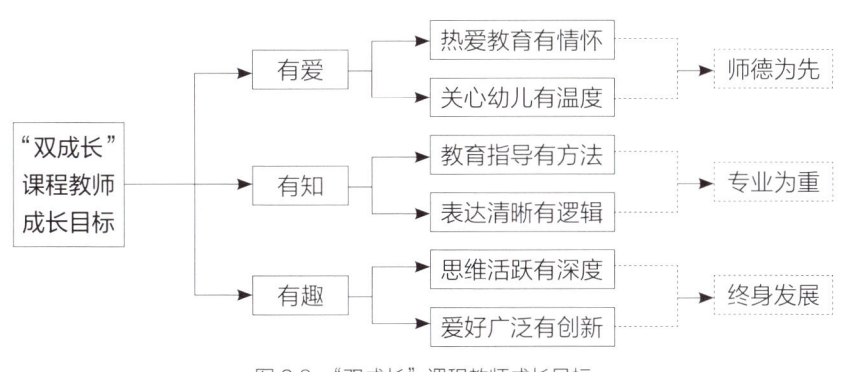

图 2.3 "双成长"课程教师成长目标

19

二、课程资源和内容

幼儿通过直接感知、亲身体验获得经验和知识，根据布朗芬布伦纳的儿童发展心理学生态系统理论，幼儿的行为受到所处各个圈层的环境影响。因此学习环境中的资源（包括人、事、物、自然、文化等）既是幼儿发展的影响因素，也是潜在的学习内容。

课程资源的开发与利用

课程资源是有利于实现课程目标的各种因素，所有能够帮助实现幼儿和教师成长目标的园内外的人、物质、文化资源都是课程资源。从不同的分类视角出发，课程资源可以有不同的分类，如园内、园外、网络课程资源，显性和隐性课程资源，自然和社会课程资源，文字的、实物的、活动的及信息化的课程资源等。我们根据幼儿园所处的地理位置、环境和其中的人，从物质、人力、文化三个角度整理了潜在的课程资源。

表 2.1　幼儿园的课程资源

类别	资源
物质资源	1.人工材料类：体育器械、玩教具、工具…… 2.自然生态类：杨桃树、龙眼树、竹子、草地；后草坪山洞、石头、沙、水、泥土、幼儿园门外的布吉河…… 3.场地类：幼儿园美术室、科学室、音乐厅、草坪等；园外如深南大道、东门商业步行街，四周的高楼大厦、天桥、火车站、地铁站、医院、小学、邮局、市场、超市……
人力资源	1.园内：教师、园医、厨师、保安…… 2.园外：爸爸妈妈故事团成员、家长义工、拥有不同职业背景及兴趣专长的幼儿家长、社区居民……

（续表）

类别	资源
文化资源	1. 园内：幼儿园 logo、园史、吉祥物、办园理念、新年运动会、毕业典礼、节气、节日…… 2. 园外：深圳市画展、文化节、当地饮食文化、民风民俗、幼儿家乡的文化习俗、语言……

从幼儿园的角度来说，课程资源是课程建设的要素，依赖于课程资源可以生成课程内容，从而支持教师实施教学，最终实现课程目标；从教师的角度来说，丰富而适宜的课程资源有助于支持活动的预设和生成，为师幼互动提供更多生发和持续的可能性。

随着幼儿园中人、事、物的变化，课程资源的开发也处于不断变化中。在对课程资源进行不断开发和利用过程中，我们认识到，应积极探寻一切有可能进入课程，能够与教育教学活动联系起来的资源，再充分挖掘其教育教学价值；没有最好的课程资源，只有最适切的课程资源。

在灵活运用日常生活中周边的事物来激发幼儿学习动机、支持学习时，需要有效地开发与利用课程资源。课程资源的开发实质上就是将潜在课程资源开发成能为我所用的课程资源；课程资源的利用是充分挖掘其教育教学价值，这也是将课程资源转化为课程内容，通过课程实施来实现课程目标的过程。二者互为前提、互为目的，开发是为了利用，而利用则促进了课程资源的进一步开发。

在具体实施中，为了让课程资源发挥最大的教育价值，我们从园所课程资源分类的角度出发，分析物质、人力、文化资源在课程中对幼儿发展的价值并基于实践提出了相应的使用策略。例如，从教育价值上说，幼儿园的物质资源可以促进幼儿的认知发展，也为其提供了操作体验的机会，为了实现这个价值，教师应充分挖掘这些物质资源的教育价值；此外，教师也应提前体验，把握这些物质资源的质、量和使用感受等，以便在教学过程中恰当地使用。人力资源除了可以拓展幼儿的认知体验，最重要的是为幼儿提供交往的机会，有助于幼儿积累交往策略、提升交往能力，为此，教师应提前了解幼儿园、社区、家长中的人，收集、整理他们可以纳入成为教育资源的专业、能力、机会等，并与这些人建立联系，寻找合作的合适契机。当需要这些人真正参与到教学中时，应提前将教学活动的目标、方式方法、注意事项等沟通到位，这样才能真正有利于达成活动目标。文化类课程资源包括物质文化和精神文化，有助于幼儿养成良好习惯、获得成就感、形成归属感。而教师在使用这样的资源时，应注重在集体文化中调动幼儿积极性，给予幼儿参与幼儿园决策的机会。

表 2.2　不同类别课程资源的教育价值和使用策略

类别	教育价值	使用策略
物质资源	丰富认知 体验操作	教师提前体验 充分挖掘教育价值
人力资源	拓展认知体验 提升交往能力	收集他们的职业爱好，建立联系 沟通到位，互通方法，统一目标
文化资源	养成良好习惯 获得成就感 形成归属感	集体带动 幼儿参与幼儿园决策

将课程资源转化为课程内容

课程资源开发与利用的目的是将资源转化为课程内容，让资源能够真正成为可与幼儿互动的教与学的内容。其转化可分为三个步骤：

一是从幼儿发展目标出发筛选课程资源，选择具有启蒙性和操作性的资源。根据布朗芬布伦纳的儿童发展心理学生态系统理论，在不同圈层的环境中，对幼儿行为影响最深的是微系统，即与幼儿生活息息相关的家庭、幼儿园，再向外延伸到社区、城市、国家，那么课程资源的选择也应该遵从幼儿发展规律，从幼儿的生活出发，选择具有启蒙性的资源。随着幼儿经验的建构与积累，其学习探索的范围将不断向外推移。

因此，园所层面在指定主题方向时遵从幼儿发展规律，为各个年龄段指定主题方向，小班为"我""我和幼儿园"，中班为"能干的我""我的社区"，大班为"我爱深圳/祖国""我要上小学"。

二是从幼儿当下的兴趣和经验水平出发，进一步筛选符合生活化、具备游戏性的课程资源。教师从实践层面出发，根据主题方向，结合幼儿发展目标和当下表现出来的兴趣，在资源库中选择相应的、适切的资源与幼儿共同开展主题探究活动。以小班"我和幼儿园"为例，各班幼儿当下的兴趣和经验水平不同，最终会生成厨房、蝌蚪、鸟窝、小溪等不一样的、生活化的、具备游戏性的适合本班实际情况的课程内容，这一步的课程资源筛选帮助教师将课程资源落实到班本层面。

三是根据《指南》的幼儿领域发展目标，列举资源可能涉及的教育要点，该步骤关注的是资源的教育价值。以小班"我和幼儿园"主题方向为例，当幼儿表现出对"厨房"感兴趣时，教师以思维导图的形式梳理幼儿园厨房资源涉及的知识、能力，形成"知识网络图"。

课程资源只有可获得、可操作，真正与教师的教和幼儿的学联系起来，才有真正的教育价值，才算是真正的课程资源。

当对涉及的教育价值进行思考时，教师可能会发现部分内容与幼儿当下的发展阶段、水平不匹配，于是，那些内容将被排除。

对于不易获得的资源，教师可以选择替代性资源。在此步骤，教师梳理"核心经验""学习活动""重要资源"三项内容，形成"学习网络图"。

课程资源筛选和转化为内容的每一步都有充分的理论依据和实践考量，我们将其整理为课程资源筛选和转化为课程内容的步骤图，帮助教师厘清从课程资源转化为课程内容的思路、逻辑。

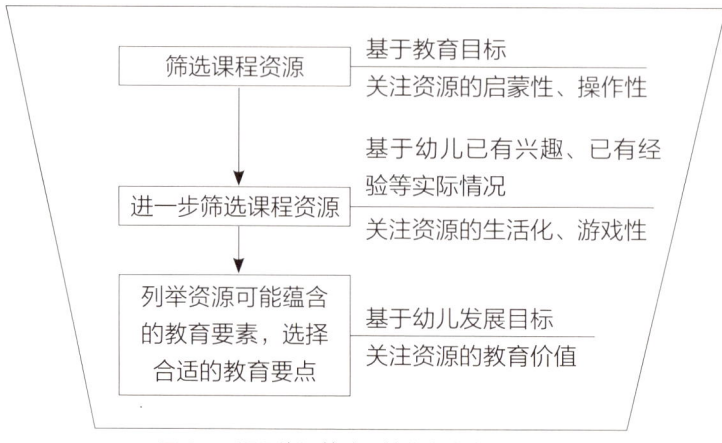

图 2.4　课程资源筛选和转化为内容的步骤图

编排课程内容

　　幼儿的学习经验是不断螺旋上升的，虽然我们强调幼儿经验建构的逻辑是由近及远、由己及人，也为各年龄段预设了学习方向，但是在编排具体的内容时，也要看到幼儿随着认知不断发展，对同一个问题的理解会持续加深。因此我们需要对学习内容进行分解，一方面考虑经验的横向发展，另一方面纵向考虑相应内容难度的提升。把握预设的内容和生成的内容之间适当的比例，在幼儿"想学的""能学的"和"应学的"之间取得一定平衡，以实现课程促进幼儿整体和谐发展，见表 2.3。

表 2.3　幼儿园课程结构表

课程类型	课程内容	课程特点
基础课程	领域学习活动	基础性：面向全体幼儿开展五大领域内容的学习
	劳动教育活动	培养幼儿的良好品德、行为习惯和劳动能力
探索课程	主题探究活动	综合性、开放性：基于幼儿兴趣和需要的活动，鼓励自主探索、激发好奇心

领域学习

"双成长"课程根据国家教育方针政策和社会发展需求，从幼儿需要掌握的核心概念出发，匹配相应的领域内容。横向结构上合理安排运动、数学、科学等学习内容，纵向结构上考虑各年龄段幼儿的身心发展水平。以数学领域活动内容为例（见第 26 页表 2.4），说明领域学习内容的编排思路。

劳动教育课程

劳动教育是新时代中国共产党对教育的新要求，是中国特色社会主义教育制度的重要内容，是全面发展教育体系的重要组成部分，是培养德智体美劳全面发展的接班人的要求。"双成长"课程的劳动教育其实涵盖了思想品德教育、行为习惯教育和劳动教育三个内容。

劳动教育课程的实施贯穿于幼儿在园的一日生活中。如在生活活动中，班级的值日生每天都会负责不同的劳动内容，包括收拾桌面、照顾植物、整理玩具、协助教师分餐、回收牛奶盒等；如中、大班年级开展主题探究活动"我爱劳动"，了解劳动的内涵，体验在家庭、班级甚至幼儿园中的劳动工作，感受劳动的成果等；如每周开展的班级劳动日实践活动，幼儿分工维护教室内外环境卫生等。

通过劳动教育，树立"自己的事情自己做"的意识，提高幼儿生活自理能力，培养其劳动意识和劳动安全意识。（见第 30 页表 2.5）

表2.4　数学领域活动内容

模块		核心经验	3～4岁	
			上学期	下学期
集合与模式	集合与分类	认识物体的属性	"找朋友"（按颜色、大小进行对应匹配）	
		按照不同的方式进行分类	"送图形回家"（按形状分类）	"分一分"（按物量的差异分类，如长短、高矮等）
		感知集合之间的关系并进行比较	"分一分"（按一种特征分类，如大小、颜色、形状）	
	模式	模式存在于世界中（规则的、重复的、发展的）	"按规律摆一摆"（发现AB模式，预测模式的后续）	"按规律摆一摆"（创造AB模式的案例，归纳模式的重复单元）
		识别模式，进行预测和归纳概括		
		用不同方式表征同一种模式	用颜色、形状、大小、长短、声音、动作，以及各种各样的物体等表征模式	
数概念与运算	计数	通过计数确定数量的"多少"	"比较多少"（3以内）	"比较多少"（5以内）"2～5的形成""变得一样多"
		计数的基本原则（固定顺序、一一对应、点数顺序无关、基数原则）	"5以内的点数"	"按数取物""按物取数""数物结合"（5以内）
		直接感知小集合的数量	"目测数群"（3以内）	"目测数群"（4以内）
	数符号	数字有多种不同的用途		"清晨、白天、傍晚和黑夜"

4～5岁		5～6岁	
上学期	下学期	上学期	下学期
"逛超市"（按一种特征分类，如用途、材料等） "图形分类"（用不同的标记表示不同的类别）	"我的玩具"（按两种特征进行分类，如材料、数量等） "服装分类"（说出分类的依据）	"多种角度分类"	"分类统计"
"按规律排序"（AB、ABC 模式）	"按规律排序"（AAB、ABB、ABC 模式）	"有趣的规律"（运用不同的材料与方式表现多种模式）	
"6～10 的形成"	"数物结合 6～7" "数物结合 8～9" "10 以内数物结合"	"20 以内的数物结合"	"学习 10 以内的加法运算" "学习 10 以内的减法运算"
"10 以内的点数" "认识序数"（10 以内） "小动物坐火车"（区别基数和序数）	"相邻数 2～10" "10 以内数的守恒" "10 以内倒数"	"10 以内的单双数" "从一个数按顺序接着数" "20 以内倒数" "50 以内唱数"	"100 以内唱数"
"目测数群"（5 以内）	"按群数计数"（2 个 2 个数）	"目测数群"（10 以内）	"按群数计数"（整 10、整 5）
"昨天、今天和明天" "快和慢"	"生活中的数字"	"月历"（认识月历） "有趣的'0'"	"认识整点" "认识半点"

27

模块		核心经验	3~4岁	
			上学期	下学期
		用数字命名具体的数量	"认识1和许多" "认识数字1~5"	"认识数字5~10"
	数运算	理解组合和分解		
		理解整体和部分的关系		
		解决实际问题		
比较与测量	量的比较	确定属性特征	"认识大小"	"认识高矮" "认识长短"
		用语言识别和描述特定属性		
		量的比较具有相对性、传递性	"按大小排序"（2个量、3个量）	"按高矮排序""按长短排序"（3个量）
	测量	计量单位是均等的、不间断的、没有重叠的		
		计量单位越大，量出的单位数量越小。反之亦然		
几何与空间	图形	分析和比较图形特征	"圆形""正方形"	"三角形""长方形" "图形宝宝的家"（图形分类）
		组合和分解不同的图形		"拼拼乐"（简单图形拼搭）

（续表）

4～5岁		5～6岁	
上学期	下学期	上学期	下学期
"认识20以内的数字"	"认识等号和不等号""昨天、今天和明天"（时间概念）	"认识大于号、小于号"	
	"3～6数的分解组成"	"认识分合号""3～6数的分解组成"	"7～10数的分解组成""切西瓜"（理解二等分、四等分）
		"认识货币"	"货币运算"
"认识粗细""认识厚薄"	"认识宽窄""认识、比较轻重""认识、比较面积"	"长度的守恒"	"容积守恒""体积守恒"
"按大小排序""按高矮排序""按长短排序"（5个量）	"按粗细排序""按厚薄排序"（7以内）	"按宽窄排序"（10以内）	"宽窄彩带"（按宽窄、长短进行正逆排序）"谁高谁矮"（体验序列可逆性和传递性）
		"逛公园"（长度测量）"农夫农场有多大"（面积测量）"有趣的测量"（用两种或两种以上的自然测量工具）	"测量身边的物体"（长度、面积等）（用绳子、纸条、尺子等测量，用标准测量工具测量）
"半圆形"、"椭圆形"、"三角形有几个"、"百变长方形"（图形变式）、"图形连一连"（图形分类）	"梯形"、"平行四边形"、"多边形"（如五边形、六边形等）、"扇形"	"展开合拢"（认识立体图形的面）、"圆柱体、圆锥体"、"球体"	"区别平面图形和立体图形"
"趣味拼图"、"图形拼拼乐"（几何图形的组合与分解）	"七巧板"（图形组合与分解）	"拼出多边形"（图形的多重组合与分解）	"平均分一分"（图形等分）、"切蛋糕"（二等分、四等分图形）

模块	核心经验	3～4岁	
		上学期	下学期
空间方位	图形变换包括移动、翻转或旋转等		
	感知和了解生活中的空间方位	"谁在上面"（区别上下）	"玩具在哪里"（认识前后、里外）
	用正确的语言描述空间方位		

表2.5　各年龄段劳动教育培养内容

一级指标	二级指标	小班
思想品德教育		★会使用礼貌用语 ★经提醒会回应打招呼 ★在安静（如午睡）的时候会轻声说话 ★理解一日生活规则，遵守班级公约 ★知道节约用水、用纸，节约粮食

（续表）

4～5岁		5～6岁	
上学期	下学期	上学期	下学期
		"有趣的对称"（感知对称）	"对称画""找倒影"（探索对称关系） "旋转图形的痕迹"
"区别前后、里外、上中下、旁边"	"送图形回家"（二维坐标定位）	"我的玩具在哪边"（辨别自己的左右） "迷宫大冒险"（用符号表示物体位置与空间方位） "我的幼儿园"（理解简单示意图中的空间关系）	"拍照片"（理解并区分物体的不同视角） "玩具的左边和右边"（辨别客体的左右） "看地图、画地图"（了解地图）

三级指标	
中班	大班
★能主动排队	★能主动按顺序排队
★会主动打招呼	★在幼儿园内外会主动与老师、同伴打招呼
★与小朋友发生冲突时友好解决或找老师帮忙	★与小朋友发生冲突时，会用友好的方式解决问题
★在安静（如午睡）的时候会轻声说话	★在安静（如午睡、区域活动等）的时候会轻声说话
★会使用礼貌用语	★会根据场合使用恰当的礼貌用语
★跟别人说话时，眼睛会看着对方	★做错事情愿意主动承认错误，并听取同伴或教师的建议进行自我反思与改正

一级指标	二级指标	小班
行为习惯教育	生活习惯	★经提醒，人多时能排好队 ★进餐时会根据需要使用餐巾 ★会自己挂毛巾 ★用餐时，能自己取餐、熟练使用勺子、安静用餐 ★经提醒上下楼梯会靠右走 ★饭后能把餐具收好、把掉落的饭粒捡干净、主动漱口 ★主动把垃圾丢进垃圾桶 ★会整齐摆放自己的鞋袜、椅子、书包等个人物品 ★经提醒，活动后、饭前、便后洗手 ★自主如厕，便后会自己擦屁股、冲水，整理好衣裤 ★会自己擦鼻涕 ★会自己佩戴、取下口罩 ★经提醒会整理好自己物品及仪表
	学习习惯	★阅读时一页一页翻书 ★跑步时会前后摆臂 ★集体活动时能在小椅子上坐好，操作材料后能放回原位 ★爱惜学习用品
劳动教育	劳动观念	★知道每个人都要参与劳动，知道劳动光荣 ★愿意完成力所能及的事情（如叠被子、穿衣服、家务劳动等） ★餐后愿意自己收拾桌面 ★愿意主动尝试没做过的劳动

（续表）

三级指标	
中班	大班
★ 上下楼梯会靠右走 ★ 看到垃圾会主动捡起来，分类丢进垃圾桶，处理不了的会告诉老师 ★ 能自己上厕所，且不会弄脏衣服 ★ 在老师的帮助下会穿鞋袜 ★ 离开座位会把椅子摆好 ★ 升国旗时会立正站好 ★ 外出回来会主动洗手 ★ 运动后及时补充水分 ★ 餐后会分类放好餐具	★ 进餐习惯良好，能够自主打饭、端饭，熟练使用筷子，保持桌面与地面清洁 ★ 能独立刷牙 ★ 喝水或进餐前主动洗手、擦手，保持手部的干净 ★ 餐后主动漱口，并用毛巾或纸巾擦干净嘴巴 ★ 饮食习惯良好，不挑食、不浪费食物，坚持光盘行动 ★ 会进行生活垃圾的分类 ★ 养成良好的作息规律，早睡早起，坚持午休 ★ 能够独立穿鞋袜、换衣服 ★ 会打绳结，绑鞋带 ★ 能独立扣扣子
★ 在集体活动中，能够安静倾听他人的讲述 ★ 能够专注于区域材料的操作 ★ 自主阅读图书，根据图书画面理解故事内容 ★ 对文字符号感兴趣 ★ 理解教师日常交代的任务要求	★ 在集体活动中，能够安静倾听他人的讲述 ★ 能够专注于区域材料的操作，探索材料的多种玩法 ★ 自主阅读图书，根据图书画面理解故事内容 ★ 准确书写自己的名字，对文字符号感兴趣 ★ 能够与同伴合作完成某项任务 ★ 理解教师日常交代的任务要求
★ 愿意完成力所能及的事情 ★ 遇到没做过的事情愿意主动尝试 ★ 尊重他人的劳动付出 ★ 理解值日生的工作性质与内容	★ 乐于为集体服务（如擦桌子、扫地等），知道劳动是光荣的 ★ 有自我服务，乐于劳动的观念 ★ 愿意主动帮助他人（老师、同伴）做力所能及的事情

一级指标	二级指标	小班
	劳动能力	★ 能收拾自己桌面上的教具和学具 ★ 可以进行简单的种植和饲养活动 ★ 户外活动后能跟老师一起整理器械并能归类放好 ★ 能使用花洒、铲子等工具照料植物 ★ 会用小扫把、铲子、纸巾等工具进行清理 ★ 会用剪刀、胶水、贴纸、笔等学习工具 ★ 会把毛巾拧干并擦桌子

主题探究课程

"双成长"课程根据布朗芬布伦纳的儿童发展心理学生态系统理论，以儿童认识自我为起点，以儿童与家庭、幼儿园、社区、城市、国家、世界的互动为出发点预设主题学习内容。自我、家庭和社会几个系统间既各自独立，又相互融合，为儿童创设多样化的主题探究活动。如第36页~40页表2.6~表2.9所示，以教师预设和幼儿兴趣为共同的出发点，通过课程审议形成的一系列主题探究活动，以集体教学、小组活动、区域自主活动等为学习途径，引导幼儿大胆探索学习、互动交流、感知领悟，增加幼儿的学习经验

（续表）

三级指标	
中班	大班
★ 愿意主动承担班级值日生的工作任务	★ 懂得人人都要参与劳动
	★ 尊重他人的劳动付出
★ 坚持不懈地完成值日生的指定任务	★ 理解值日生的工作性质与内容
★ 乐于向老师、同伴、家人分享某项劳动的技能方法	★ 愿意主动承担班级值日生的工作任务
	★ 坚持不懈地完成值日生的指定任务
	★ 乐于向老师、同伴、家人分享某项劳动的技能方法
★ 区域活动后能把材料整理整齐	★ 户外活动后能够按收纳标识把器械归类放好
★ 户外活动后能跟老师一起整理器械，并能归类放好	★ 会叠被子
★ 饭后会收拾桌面及地面卫生	★ 会洗盘子、碗筷
★ 更换衣物后会分类整理放进书包	★ 照顾植物的生长，按时使用水壶、铲子等工具养护（如浇水、松土、晒太阳等）
★ 睡觉前后会自己整理被褥，并放进柜子	★ 能给宠物加食、加水、清洁
★ 看见地面有水迹或垃圾能使用拖把、扫把清洁	★ 能使用刀具切较软的食物
★ 会整理班级的玩具和书籍	★ 能独立扫地

和生活知识储备。

在主题探究活动中，"双成长"课程关注教学内容的适配性、教学脉络的逻辑性和教学策略的适宜性。主题学习内容按大、中、小三个年龄段预设了4个维度内容，遵循幼儿学习经验的渐进原则，对各内容的先后顺序做合理安排。同时在主题探究中，采用多样化的学习方式帮助幼儿建构知识经验。

表2.6 "我"主题学习内容细化表

主题内容	内容细化		
	小班	中班	大班
我	1. 我的名字和样子 2. 我的情绪 3. 身体的各个部位，以及它们的功能 4. 我可以做的事情	1. 我长大了，身体的变化 2. 我会照顾自己的生活，我会劳动 3. 控制情绪的方法 4. 为自己的成长感到自豪	1. 我是独一无二的 2. 人的身体结构、功能 3. 生命的意义、爱护生命 4. 我会帮助别人，我是社会的一分子
我和家庭	1. 我的家庭成员，他们和我的关系 2. 家人对我爱的表现	家人之间的关系	1. 我的家庭很美好 2. 我能让家庭变得更美好
我和幼儿园	1. 我愿意参加幼儿园的活动 2. 我是班级里的一分子，班级是幼儿园的一分子 3. 幼儿园的每一个地方，放在这些地方的物品 4. 我爱我的幼儿园	1. 幼儿园里的人，他们的工作内容以及对我的帮助 2. 幼儿园里发生的事情 3. 和幼儿园里的人和物互动 4. 了解、爱护、维护幼儿园的资源	1. 我是小班、中班小朋友的榜样 2. 我是幼儿园的代言人
我和社区	1. 家庭、幼儿园所在社区的名称 2. 社区中好玩的地方 3. 家庭的地址	1. 我在社区中的好朋友，以及认识的人 2. 我在社区中可以做什么	我们社区里的小学，了解小学
我和深圳	1. 我是深圳人 2. 深圳好玩的地方，好吃的东西	1. 不同职业的人，他们在做什么 2. 深圳地图 3. 深圳的地域资源	1. 我为建设美丽深圳出份力 2. 我为深圳代言，欢迎来深圳

（续表）

主题内容	内容细化		
	小班	中班	大班
我和中国	1. 我是中国人 2. 唱国歌	1. 我爱中国 2. 中国的象征	1. 我为中国而自豪 2. 中国地图 3. 中国的山川 4. 中国的特产、特色
我和世界	地球的样子	1. 我与世界其他人的异同 2. 地球仪	1. 地球上的不同国家、人种 2. 尊重地球上的文化差异，平等对待每一个人 3. 世界地图 4. 地球上的山脉和海洋

表2.7 "社会"主题学习内容细化表

主题内容	内容细化		
	小班	中班	大班
人际交往	1. 我的好朋友 2. 我和朋友一起玩 3. 招待家里的亲戚朋友 4. 我的老师 5. 我当礼貌小天使	1. 班级里的每一个人 2. 解决冲突有办法 3. 一起玩的规则 4. 感恩爸爸妈妈 5. 做个有礼貌的小朋友 6. 家人的职业，他们为社会做的贡献	1. 幼儿园里的人，他们的工作内容 2. 和伙伴一起完成任务 3. 做哥哥姐姐，帮助小班小朋友 4. 做幼儿园的代言人 5. 大家都是独一无二的 6. 做值日生，服务班级

（续表）

主题内容	内容细化		
	小班	中班	大班
社会适应	1. 愿意上幼儿园 2. 参加班级、幼儿园的活动 3. 幼儿园的每一天 4. 带爸妈参加班级春游 5. 知道室内外活动规则 6. 能生活自理 7. 知道有困难要请别人帮忙	1. 幼儿园里好玩的地方，以及在这里游戏的规则 2. 帮助收拾班级、幼儿园的玩具、场地 3. 做力所能及的事情 4. 爱护公物 5. 了解外面发生的事情	1. 我要做小学生 2. 参与幼儿园环境、规则的优化 3. 参与幼儿园决策，给班级、幼儿园提建议 4. 给弟弟妹妹做环保宣讲 5. 体验做义工 6. 了解为深圳、中国、全世界做贡献的人 7. 了解各种出行、交通、公共场所的规则 8. 了解各行各业 9. 参加劳动活动

表2.8 "文化"主题学习内容细化表

主题内容	内容细化		
	小班	中班	大班
物质文化	中国传统美食	1. 围屋、碉楼、骑楼等广东建筑 2. 客家人的传统服饰	1. 中国传统建筑八大派系 2. 中国传统服饰 3. 中餐和西餐
精神文化	1. "老鹰抓小鸡""老狼老狼几点钟"等民间游戏 2. 我喜欢唱童谣	1. "丢手绢""糖粘豆"等民间游戏 2. 粤语、客家话和潮汕话	1. "跳竹竿""斗鸡"等民间游戏 2. 中国不同地区的语言、生活习惯、饮食差异

（续表）

主题内容	内容细化		
	小班	中班	大班
	3. 水墨等动画片	3. 地方童谣和戏剧 4. 深圳精神	3. 成语故事、传说、寓言 4. 中国传统绘画作品 5. 中国汉字
行为文化	1. 学习春节、端午节、中秋节等中国传统节日知识 2. 参加升旗仪式	1. 学习中国的二十四节气知识 2. 学习擂擂茶、搓汤圆等民俗知识 3. 会唱国歌	1. 学习中华人民共和国成立，深圳经济特区设立等重要事件的时间 2. 学习曹操、李白、邓小平、袁隆平等古今重要人物事迹 3. 学习舞龙舞狮、包粽子等民俗知识 4. 当升旗手

表2.9 "自然"主题学习内容细化表

主题内容	内容细化		
	小班	中班	大班
自然生物	1. 幼儿园里的树 2. 我爱吃蔬菜和水果 3. 昆虫和它们的生活 4. 花的世界 5. 动物王国 6. 冬眠的动物	1. 动植物生长周期与生长需求 2. 照顾动物与植物 3. 深圳的树木花卉，深圳的市花	1. 动植物多样性，生态小系统 2. 动物的繁殖 3. 食物链
自然界物质	1. 水 2. 石头 3. 土与沙	1. 大海的奥秘 2. 河流（幼儿园门前的布吉河）	1. 天体、陨石 2. 灰尘 3. 神奇的化石（仙湖

（续表）

主题 内容	内容细化		
	小班	中班	大班
		3. 树与土壤 4. 空气	的化石森林）
自然现象	1. 晴天、雨天和阴天 2. 四季变化 3. 声音 4. 地球的基本特征	1. 水的浮力 2. 光影 3. 回南天 4. 风 5. 自然灾害：地震、海啸、龙卷风 6. 中国地理特征、自然特点	1. 水的三种形态及转化 2. 地球板块运动、洋流 3. 时间 4. 静电与电 5. 烟与火 6. 力的作用
与自然的关系	1. 节水小卫士 2. 我生活在地球上	1. 水土流失 2. 雾霾 3. 深圳的常见天气、基本气温 4. 天气和我们生活的关系	1. 全球变暖 2. 我是地球小公民，低碳环保 3. 矿藏资源的使用 4. 极端恶劣天气及应对

三、课程实施方法

　　幼儿园课程实施是一个动态的过程，是幼儿和教师共同行动的过程，弹性的时间、灵活的空间、不同的参与人员相互组合交织，形成不同的课程实施模式。

合理安排一日生活时间

　　一日生活皆教育。在划分时间、安排流程时应反复考虑每个环节背后的教育价值。为了让身处其中的幼儿和教师感受到一日生活的稳定性、秩序感，幼儿园应做出相对稳定的一日生活时间安排（见第51页附1），并结合季节气候、生活习惯等预留大块的时间，便于教师根据幼儿的学习情况等实际需要进行教与学形式的灵活安排和调整，在心理安全和稳定的前提下组织教学内容、落实课程目标。

为保证一日作息的科学合理，幼儿园应根据卫生保健部门关于幼儿作息的要求，做到两餐间隔不少于3.5小时，户外活动每天不少于2小时，其中1小时为体育活动。

同时，要关注幼儿的年龄发展特点，如不同年龄段幼儿的注意力持续时间不同、因自理能力水平不同导致过渡环节所需时长差异等，据此年龄差异对各年级的作息进行合理调整。如安排集体活动时，小班较大班频率低，且时间短；而过渡环节的时间则小班年级要较长。

充分发挥空间和环境的功能

从课程的角度而言，幼儿园的室内外空间既是教育资源，也是课程的实施途径之一，有着重要的教育作用。因此，我们重视空间规划、环境创设和材料提供。

幼儿和教师是空间的主人，为了更好地支持其成长，在规划室内外空间时要有整体思维，因地制宜，关注绿色环保，避免安全隐患，确保课程的顺利实施。一要为幼儿提供亲近自然的机会，让幼儿可以和草地、树木、沙石、水等发生直接互动，幼儿园充分利用户外有限场地，为幼儿打造嬉水长廊和空中游戏乐园；二要考虑平面和立体相结合，室内利用柜子、地面、墙面和吊饰等打造有利于幼儿参与、互动的学习环境，户外则要创设平面、垂直、离地悬空的场地和设备；三要满足活动的需求，室内需预设能满足集体、小组和个别活动的空间，户外要安排适宜于各类运动和游戏的空间；四要动静分离，如建构区域尽可能宽阔平坦，不受过往行动的影响，阅读区域光线充足，相对安静；五要开发和利用好公共空间，为幼儿和教师拓展更多学习环境，如利用走廊、楼梯拐角、空置平台等设置共享绘本馆、积木区、植物园、教工之家等。

投放材料时要关注安全性、丰富性、灵活性。一方面重视材料、器械的质量，确保安全、卫生、环保，另一方面定期进行清洁、消毒，日常安排专人做好检查和管理。材料和设备根据教育计划、气候和幼儿的兴趣需要灵活投放，同时要便于幼儿取放和收纳。

空间的规划和使用体现了课程理念的落实，"双成长"课程追求让空间最大程度上满足幼儿和教师的学习兴趣和需要，鼓励二者积极参与到空间和环境的改造中，只有当教师和幼儿与空间中的元素发生联系时，环境改变、活动也发生改变，相互作用、课程经验也就相应发生改变，空间和环境才能发挥其支持成长的价值。

提供课程实施模型

模型的外圈是"已有经验"和"新经验"的转化、进阶循环。幼儿的学习是建立在已有经验的基础上，继而通过同化和顺应形成新经验；而形成的新经验又会成为继续学习的已有经验。这是一个经验不断累积和建构的过程。

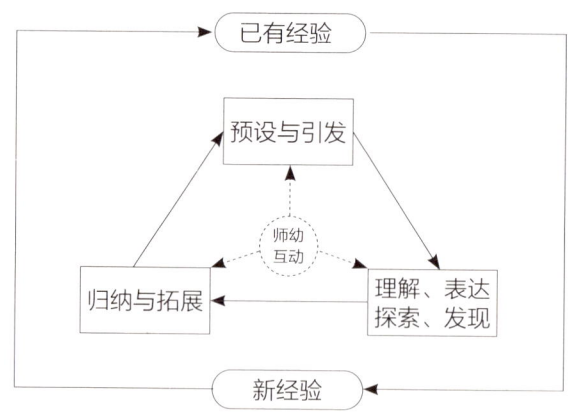

图2.5　课程实施模型

模型内圈中,"预设与引发""理解、表达、探索、发现"和"归纳与拓展"三个学习阶段形成一个闭环的三角,体现了幼儿不断循环递进的学习周期,也是"双成长"课程教与学活动的基本流程。理想状态下,所有教与学活动都基于良好的师幼互动。在此基础上,教师通过充分观察和了解,基于幼儿的已有经验来进行教学的预设;在教学过程中通过游戏、对话、参与式和体验式的活动,为幼儿提供大量理解、表达、探索和发现的机会,并给予及时的支持和引导;再帮助幼儿归纳、整理和提炼新经验,设计可迁移、巩固和拓展新经验的活动。整个过程是一个进阶闭环,在不断循环的过程中,幼儿和教师都得到成长和发展。

其中,"预设与引发"阶段是课程学习的起点,旨在根据儿童的已有经验,引发新的探索和学习。

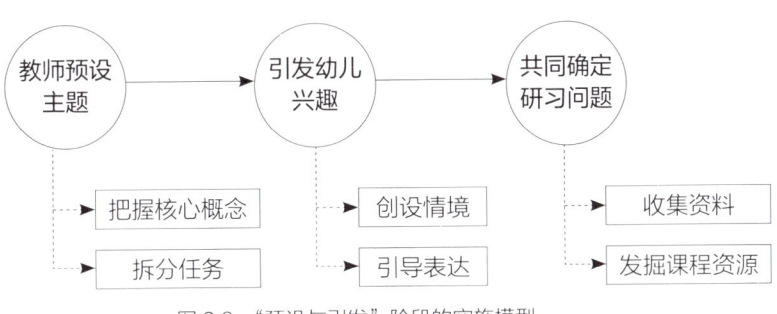

图 2.6 "预设与引发"阶段的实施模型

幼儿的"理解、表达、探索、发现",对应的是教师的"观察、倾听、解读、支持",是师幼互动发生最为频繁的环节。此阶段的任务是:基于和谐的师幼关系,发挥幼儿的主动性,以获得新经验,并进行运用和巩固。此阶段是教师预设和幼儿生成的结合,教师要通过观察把握幼儿生成的兴趣是否与学习目标相吻合,判断预设是否跟随和支持幼儿生成的兴趣方向。

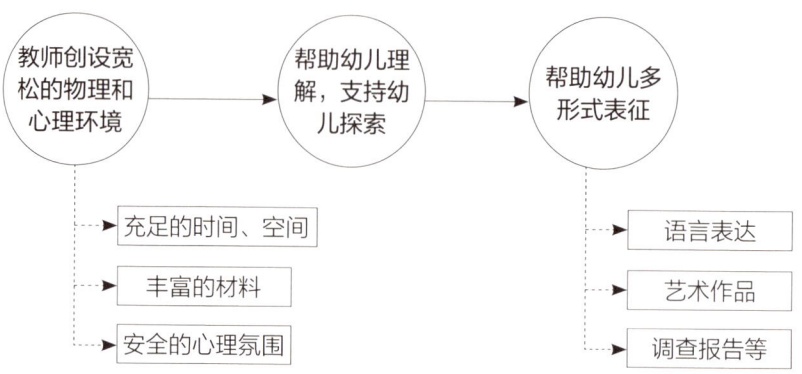

图 2.7 "理解、表达、探索、发现"阶段的实施模型

"归纳与拓展"阶段，是主题或活动的结束阶段。此阶段的任务是带领幼儿对新经验进行回顾和讨论，总结幼儿和教师的成长，根据幼儿或教师发现的新问题，推动进入新一轮的进阶循环学习周期。

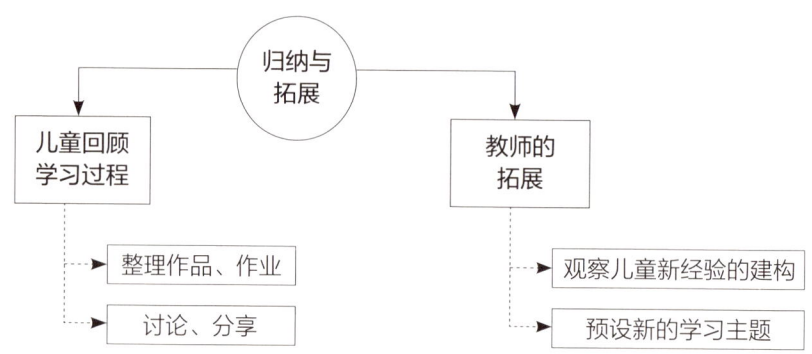

图 2.8 "归纳与拓展"阶段的实施模型

课程实施模型中心的师幼互动是课程实施的基础，师幼互动、幼幼互动是决定学前教育质量的过程性因素，高质量师幼互动可以促进幼儿语言、认知和社会性发展，并影响儿童未来的学业和心理健康状况。因此在课程实施过程中可通过培训、学习、相互讨论等方式帮助教师理解儿童中心理念，掌握师幼互动知识和策略。

"双成长"课程的实施路径保证了幼儿学习过程的完整性，同时，清晰的阶段递进设置也为家长提供了参与课程实施、陪伴幼儿学习的途径和空间。

表 2.10 "双成长"课程对实施中各阶段幼儿、教师和家长的行为期待

阶段	幼儿被期待的行为	教师被期待的行为	家长被期待的行为
预设与引发	1. 幼儿明确表达自己的想法和意愿 2. 对接下来的学习有期待	1. 了解和观察幼儿的已有经验 2. 基于幼儿发展目标和课程资源预设主题或活动 3. 倾听幼儿的相关想法，记录并分析 4. 准备后续学习环境、资源	1. 了解即将开始的学习重点 2. 与幼儿分享自己关于接下来活动的相关经验 3. 协助幼儿收集相关资源，扩展相关的已有经验
理解、表达、探索、发现	1. 利用教师提供的时间、空间和材料进行充分地探索，并将自己的理解和发现用各种方式进行表达 2. 与教师、同伴交流互动，分享经验，相互启发和学习 3. 体验合作和对集体的归属感 4. 获得、运用和巩固新经验	1. 观察和记录幼儿的学习过程 2. 与幼儿进行持续的对话，倾听和支持幼儿的想法 3. 对幼儿生成的学习需要提供时间、空间和材料上的支持 4. 解释和分析幼儿的行为及发展水平 5. 帮助幼儿运用和巩固新经验 6. 与幼儿一起将学习过程和成果呈现在环境中	1. 了解幼儿正在开展的学习内容 2. 鼓励幼儿用各种形式表征在学习中获得的经验和感受 3. 参与到幼儿感兴趣的活动中 4. 提供资源，支持幼儿的持续学习
归纳与拓展	1. 用语言或作品回顾学习过程，讲述学习体会 2. 参与同伴之间的分享，对他人的学习体	1. 倾听幼儿分享的感受和经验 2. 利用环境中呈现的学习过程和成果，或选择适宜的作品帮助	1. 鼓励幼儿用语言或其他表征方式描绘他们的学习感受和体验 2. 关注幼儿产生的新问题

（续表）

阶段	幼儿被期待的行为	教师被期待的行为	家长被期待的行为
	验发表看法	幼儿回忆和用完整的语言对正在进行的活动进行归纳 3. 判断幼儿的学习效果，进行解释分析，并提出下一步的支持或拓展策略 4. 把握幼儿的新想法、新问题，拓展新的学习活动	

开展积极的师幼互动

我们知道，教师和幼儿是课程中的双主体，良好的、积极的师幼互动可以帮助幼儿在幼儿园和生活中获得发展所必需的对自我、对他人、对集体的认知与管理的意识、知识和技能，可以提升自信心和增强责任意识，建立积极的人际关系，形成良好的情感和道德品质，这些将有效地帮助他们面对成长过程中的挑战，促进身心的全面协调发展；也有助于教师更好地了解教育对象——幼儿，与他们建立积极的情感联结，对他们抱有持续的积极期待，有效地预设和组织教学活动，与家庭建立亲密的教育伙伴关系，从而不断提升自我的专业素养。

安全、温馨、友好、民主的班级氛围主要由教师来营造。安全、温馨的环境既指物理上的空间环境，也指心理环境。教师可以通过班级的色调、光线、装饰、绿色植物等营造温暖、明快、轻松的氛围；通过温和、亲切的语调、表情、肢体动作等让幼儿感受到安全和友好；组织合作性的游戏和活动、赞美幼儿的优点，帮助幼儿产生对老师、同伴的信任，促进和谐相处；建立班级公约，鼓励幼儿参与班级事务讨论，承担一定的值日生任务、校园劳动任务，帮助他们形成对班级和幼儿园的归属感。"双成长"课程的实施路径保证了师幼互动的有效性，清晰地为教师提供了可参考的语言策略去支架幼儿的游戏探索精神、良好行为。

表 2.11 "双成长"课程对实施中教师的语言策略支持

阶段	语言策略
提问： 开放——启发幼儿深入游戏和探索——促进幼儿进行批判性思考、想象、评价、创造（高水平提问类型）	1. 理解：描述、讨论、解释、总结 2. 应用：解释原因、表演、建立联系 3. 分析：识别不同点、尝试、推测、比较、对比 4. 评价：表达观点、做出判断、争辩/评论 5. 创造：制作、建构、设计、创作
回应： 及时——引导幼儿自我探索——提供支架	1. 反问（将幼儿抛过来的球又抛回去，引导幼儿对自己提出的问题进行观察和思考） 2. 引导教育（借幼儿提问的契机对幼儿进行引导与教育，将幼儿提问想要获得的答案进行升华） 3. 集体参与策略（让个别幼儿回答的问题成为大家都关注的信息） 4. 留疑策略（教师可承认无知，和幼儿共同探究） 5. 鼓励策略（鼓励要具体） 6. 建议策略（认真回答幼儿的问题，给予幼儿解决问题的支架，比如给出建议或可能性让幼儿有解决问题的方向）
引导： 正向——良好行为巩固——习惯养成	1. 规则引导法（当幼儿出现与班级常规不符的行为时，教师要立即纠正，并强调常规） 2. 示弱 3. 低球技术（在提出的一个小要求被满足后，随即提出较大的要求） 4. 榜样激励法（树立榜样引导和规范幼儿的行为）

（续表）

阶段	语言策略
	5.延迟满足（当直接满足实现发生障碍或推迟时，儿童通过对实际上暂不存在的、需要延迟满足的对象产生"幻觉意象"，来达到消解紧张和由延迟满足所带来的烦恼） 6.互惠让步（教师先提一个幼儿不可能接受的要求，在幼儿拒绝后随即提出一个比较合理的要求）

　　每位幼儿都是独立、平等的生命，需要得到教师的一视同仁。教师公正的教育行为，有助于形成良好的班级氛围，发展幼儿积极的情感体验和能力。因此，"双成长"课程坚持的教育公平，是在承认和关注幼儿发展个体差异的基础上，尊重幼儿的人格，对每一位幼儿保持耐心和微笑，及时回应幼儿学习、生活和游戏的需求，时常对幼儿给予具体、正面、有意义的鼓励和引导，以积极的期待帮助幼儿形成自我积极的认知和期待；以关爱的态度对待幼儿，相信他们是有能力的学习者，始终真诚鼓励、欣赏和支持他们的学习和成长；尽量采用正面语言鼓励幼儿，赞美幼儿的努力、进步、独特性和积极的学习品质；在帮助幼儿解决问题时，采用"接纳、倾听、启发、建议"的方法；了解幼儿行为背后的原因和需求，再采取恰当的教育策略。

四、课程评价

　　"双成长"课程从理念确定到课程实施和评价，始终以课程目标为中心，因此评价内容指向课程、幼儿和教师三个方面，采用全员参与、定性评价与定量评价相结合、过程性评价与阶段性评价相结合等形式进行综合诊断、反思与调节。

课程实施评价

对课程的评价主要针对活动内容和活动实施两个要素（见第 58 页附 3）。对活动内容的评价包括课程目标的实现度、活动内容的适宜性两个方面；对活动实施的评价则通过日常教学组织、学习环境的创设和使用等来进行评估。

对照课程目标自查内容对目标的落实度。教师在预设和实施主题活动时，分析主题活动是否为幼儿提供了较为均衡、全面的经验，若有明显缺失或不足，则要考虑从主题外补充相关的学习内容。

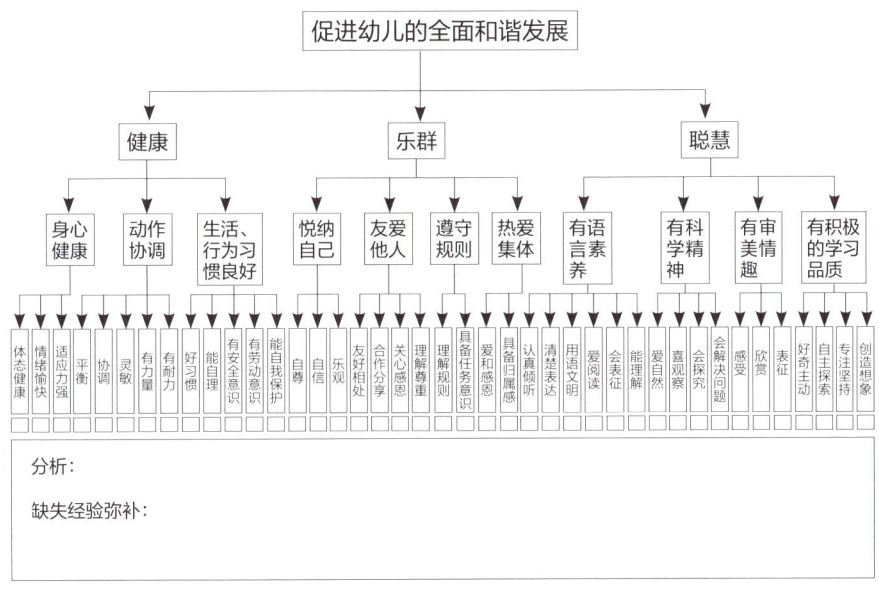

图 2.9 课程目标实现度的评价工具

活动内容适宜性的评价采用课程预设时的审议和结束后的反思来进行。同年级教师组、教学管理人员参与课程预设审议，对内容的教育价值、目标的落实支持度和实施的可操作性进行判断，做出调整；活动结束后，教师通过回顾教与学的过程、思考幼儿和自身的成长、撰写课程故事，反思过程的优点和不足，提出可行性建议。

教学管理人员对教师在课程实施过程中的时间安排、空间安排、学习环境创设和师幼互动各方面进行过程性监督，提供指导，组织研训活动帮助教师不断深化对课程的理解、提升教学水平。如在教师的系列教研中形成了"双成长"课程对学习环境的创设策略（见第 194 页表 4.2）。

儿童的发展状况评价

对幼儿的评价贯穿课程的全过程，评价目标明确，评价内容综合化，评价主体多元化，评价形式多样化，评价过程动态化。班级和家庭持续关注幼儿学习和发展的过程，记录亮点时刻，共同建立幼儿的成长档案；教师在每个学期末对照幼儿发展目标进行阶段反思，形成幼儿身心发展报告，并形成下一阶段的学习建议。

表 2.12　幼儿评价的方式和主体

评价者	过程性评价	阶段性评价
幼儿	日常自我评价和评价他人	
教师	幼儿作品、教育笔记、观察记录、成长档案	发展报告
家长	成长档案	发展报告

教师的专业发展水平评价

教师处于不断学习与发展的过程中，评价的目的在于帮助其提升当下的素质和水平，因此应以最近发展区理论为依据，关注每一位教师潜在的能力，引领教师全面提升胜任力。为此我们构建了专业能力、专业知识、个人特质、职业态度 4 个维度 36 个指标的教师胜任力评价体系（见第 55 页附 2），一方面有助于教师本人对照提升，另一方面也为幼儿园有针对性地支持教师成长提供抓手。评价同样采用过程性和阶段性相结合的方式进行，教师、管理者共同参与胜任力评价，家长参与每学期一次的家园共育工作评价。

附1：一日生活时间表

表2.13 小班幼儿一日作息时间表（夏季）

时间	内容	重点
8：00—8：50	入园、早餐及餐后活动	1. 晨间入园师生互相礼貌问好 2. 整理个人物品，换鞋 3. 餐前盥洗，愉悦进餐 4. 餐后整理及自由分组阅读、执行区域计划、安静游戏等活动
8：50—9：00	晨谈	点名、今日活动计划、晨间谈话活动
9：00—10：20	户外活动	1. 自我服务：饮水，盥洗，准备汗巾、帽子、水壶等 2. 教师组织体育活动、幼儿自选器械、放松整理
10：20—10：40	自我服务	如厕、饮水、换衣服、整理书包衣物、洗手、吃水果
10：40—11：30	学习活动	学习时间：区域活动、小组活动、个别活动
11：30—11：45	餐前活动	1. 餐前活动：分享活动，儿歌、故事、音乐、小游戏等 2. 餐前准备
11：45—12：50	午餐及餐后活动	1. 愉悦进餐 2. 餐后活动：整理个人用餐物品、盥洗、漱口、安静阅读、散步、准备入睡
12：50—14：40	午睡	1. 保持正确的睡姿，养成良好的入睡习惯 2. 教师定时检查、巡视
14：40—15：30	起床整理及户外活动	1. 自我服务：学习整理床上用品、盥洗、喝水等 2. 教师组织体育活动、幼儿自选器械、放松整理
15：30—15：50	生活活动及午点	餐前如厕、盥洗；吃点心
15：50—16：10	学习活动	集体学习活动

（续表）

时间	内容	重点
16:10—16:30	离园准备	1.自我服务：饮水、盥洗、整理书包衣物 2.小结当天活动中幼儿表现，表扬鼓励，提出新要求 3.组织幼儿整队，有序离园

表2.14　中班幼儿一日作息时间表（夏季）

时间	内容	重点
7:50—8:15	晨间锻炼及早操	1.晨间入园师生互相礼貌问好 2.整理个人物品，进行户外晨间锻炼 3.早操
8:15—8:50	早餐及餐后活动	1.餐前盥洗，愉悦进餐 2.餐后整理、自由分组阅读、执行区域计划、安静游戏等活动
8:50—9:00	晨谈	点名、今日活动计划、晨间谈话活动
9:00—10:20	学习活动及自我服务	1.学习时间：区域活动、小组活动、个别活动 2.自我服务：如厕、饮水、换衣服、整理书包衣物、洗手、吃水果
10:20—11:35	户外活动	1.自我服务：饮水，如厕，准备汗巾、帽子、水壶等 2.教师组织体育活动、幼儿自选器械、放松整理
11:35—11:45	餐前活动	1.餐前活动：分享活动，儿歌、故事、音乐、小游戏等 2.餐前准备
11:45—12:50	午餐及餐后活动	1.愉悦进餐 2.餐后活动：整理个人用餐物品、盥洗、漱口、散步、准备入睡

（续表）

时间	内容	重点
12：50—14：40	午睡	1. 保持正确的睡姿，养成良好的入睡习惯 2. 教师做好随时的检查、巡视工作
14：40—15：10	起床整理及午点	1. 自我服务，学习整理床上用品 2. 个人形象整理 3. 餐前如厕、盥洗、吃点心
15：10—15：50	户外活动	1. 自我服务：饮水，如厕，准备汗巾、帽子、水壶等 2. 教师组织体育活动、幼儿自选器械、放松整理
15：50—16：20	学习活动	集体学习活动
16：20—16：40	离园准备	1. 自我服务：饮水、如厕、个人形象整理、整理书包衣物 2. 小结当天活动中幼儿表现，表扬鼓励，提出新要求 3. 组织幼儿整队，有序离园

表2.15 大班幼儿一日作息时间表（夏季）

时间	内容	重点
7：50—8：15	晨间锻炼及早操	1. 晨间入园师生互相礼貌问好 2. 整理个人物品，进行户外晨间锻炼 3. 早操
8：15—8：50	早餐及餐后活动	1. 餐前如厕、盥洗，愉悦进餐 2. 餐后整理、自由分组阅读、执行区域计划、安静游戏等活动
8：50—9：00	晨谈	点名、今日活动计划、晨间谈话活动
9：00—10：20	学习活动及自我服务	1. 学习时间：区域活动、小组活动、个别活动 2. 自我服务：饮水、如厕、换衣服、整理书包衣物、洗手、吃水果

（续表）

时间	内容	重点
10：20—11：35	户外活动	1. 自我服务：饮水，如厕，准备汗巾、帽子、水壶等 2. 教师组织体育活动、幼儿自选器械、放松整理
11：35—11：45	餐前活动	1. 餐前活动：分享活动，儿歌、故事、音乐、小游戏等 2. 餐前准备
11：45—12：50	午餐及餐后活动	1. 愉悦进餐 2. 餐后活动：整理个人用餐物品、盥洗、漱口、散步、准备入睡
12：50—14：30	午睡	1. 保持正确的睡姿，养成良好的入睡习惯 2. 教师做好随时的检查、巡视工作
14：30—15：00	起床整理及午点	1. 自我服务，学习整理床上用品 2. 个人形象整理 3. 餐前如厕、盥洗、吃点心
15：00—15：40	学习活动	集体学习活动
15：40—16：40	户外活动	1. 自我服务：饮水，如厕，准备汗巾、帽子、水壶等 2. 教师组织体育活动、幼儿自选器械、放松整理
16：40—16：50	离园准备	1. 自我服务：饮水、如厕、整理书包衣物 2. 小结当天活动中幼儿表现，表扬鼓励，提出新要求 3. 组织幼儿整队，有序离园

附2

表2.16 教师胜任力评价体系

专业能力	教育教学能力	情感支持能力	1. 对于幼儿所表现出的不同情绪情感问题，能接纳并及时给予有针对性的、个性化的帮助 2. 能用符合幼儿年龄特点的语言与幼儿进行交流
		师幼交流与表达能力	3. 能够耐心地倾听幼儿的表达，并给予幼儿需要的支持与回应 4. 会根据幼儿的兴趣与发展需要，设计并开展各种活动
		教学指导能力	5. 在开展活动时，总能让幼儿既遵守规则又积极投入 6. 会鼓励幼儿发现、解决问题，并积极提供支持和帮助
		行为管理能力	7. 当幼儿出现行为问题时，能及时了解情况，分析原因，并采取正面引导的方法解决 8. 班级的老师对待幼儿出现的行为问题，始终采取一致的解决策略
	班级管理能力	班级规划与统筹	9. 能够根据幼儿园园务计划、班级实际情况，合理制订班务计划并落实 10. 能够综合利用各种资源（例如社区、家长等）开展活动
		活动组织与实施能力	11. 以游戏为基本组织形式开展各种活动 12. 能充分关注幼儿在活动中的状态，根据实际情况灵活调整活动方案
		环境布局与呈现	13. 关注、保障活动安全 14. 能够创设幼儿参与、互动的展示学习过程的班级环境
		反馈与指导能力	15. 能够用多种途径真诚、尊重、平等、积极地与家长进行沟通，传递科学的育儿理念，促进家园共育

（续表）

		问题发现与思考能力	16. 对教学行为进行回顾和反思，积极发现存在的不足和问题，加以改进
	教研能力	行为分析与评价能力	17. 能综合运用多种方法和途径对幼儿、环境、个人教育行为进行全面客观的分析、评价
		计划总结能力	
		课程理解与反思	18. 理解与落实幼儿园的课程理念、目标和实施路径
专业知识	幼儿保教知识	幼儿园教育基本要求与原则	1. 掌握幼儿园教育基本要求与原则
		幼儿园各领域基本知识	2. 掌握幼儿园各领域基本知识
		幼儿园安全防护与救护知识	3. 掌握幼儿园安全防护与救护知识
		教育心理学基本原理	4. 理解教育心理学基本原理
		幼小衔接知识	5. 掌握幼小衔接相关文件内容
		班级管理知识	6. 了解班级管理知识
	幼儿发展知识	幼儿生存发展和保护的法律法规及政策规定	7. 明确幼儿生存发展和保护的法律法规及政策规定
		不同年龄幼儿身心发展特点、规律	8. 掌握不同年龄幼儿身心发展特点、规律
		幼儿发展中易出现的问题与对策	9. 了解幼儿发展中易出现的问题与对策
个人特质	个人修养与行为	爱心	1. 认可团队的重要性，能积极配合其他教师的工作
		细心	2. 能与幼儿、家长、同事进行积极有效的沟通
		耐心	3. 能够将所学到的知识合理运用到个人生活和工作中
		责任心	4. 接纳、关心、爱护幼儿

（续表）

职业态度	基本能力	亲和力	5. 能够敏锐地捕捉到一日生活中的各类信息和变化
		合作力	6. 能够平静地对待生活、工作中发生的各种事情
		沟通力	7. 具有大局意识，积极承担自己的任务，对自己负责的工作能尽心尽力地完成并反馈结果
		理解力	8. 对工作中出现的失误或问题勇于承担责任并积极改进
		实践力	9. 与人交往时能做到亲切友善
	职业道德	对幼儿的态度与行为	1. 能尊重、爱护、平等地对待每一位幼儿
		保教态度与行为	2. 能将学前教育理论与保教实践相结合，尊重个体差异，因材施教
	职业动机	职业认同	3. 能认同幼儿园教师的社会价值和个人意义，认同本职业的专业性和独特性
	自我效能	勇于承担	4. 当班级遇到困难、园所有需要的时候，能积极地做力所能及的事情
		学习意识	5. 能做到乐于学习，并且具有终身学习的意识和能力
			6. 能积极反思自身职业行为，善于提炼策略并不断改进
		自我反思	7. 能始终以发展的眼光看待幼儿，不会给幼儿贴标签

附 3

表 2.17　集体教学活动评价表

幼儿园评课表		
听课人：　　　　　　　班级：　　　　　　执教者：		
活动领域：　　　　　　　　　　　　　活动名称：		
活动设计	看选题	主题背景下：能有效实现主题目标（符合幼儿发展需要与兴趣）
		非主题背景下：符合幼儿发展需要与兴趣
		具有集体教学活动的价值
	看目标	目标明确、具体、体现活动领域的特质
		符合幼儿年龄实际和经验水平
	看准备	经验：对幼儿已有经验与兴趣了解充分
		物质：材料准备充分，能为活动目标服务
	看内容	符合幼儿年龄特点及认知发展规律、难易适中
		活动流程清晰，难度层层递进；活动是否有趣味性
		对幼儿可能出现的行为有预设和解决方案
活动实施	看幼儿	学习过程：幼儿表现出持续专注而有兴趣的学习状态
		学习过程：幼儿与幼儿、幼儿与教师、幼儿与环境之间的互动积极
		学习效果：幼儿在学习中获得经验和能力的提升
	看教师	教学策略：随时关注，积极回应
		教学策略：教师用合适的方法支架幼儿的思考与学习
		教学基本功：看位置：每个孩子在老师的视线下并能清楚地与教具互动
		教学基本功：看教态：举止从容、态度热情、富有感染力
		教学基本功：看语言：准确简练，生动形象，有启发性
活动效果	目标达成度	分析目标达成度高或低。原因是目标不适宜，活动设计不恰当或活动组织有偏差？
	内容适宜度	幼儿对内容的兴趣度、接受度如何？是否在"最近发展区"？
	幼儿自主度	幼儿的学习自主度如何？幼儿是被动地学习还是主动地学习？
	方式有效度	是否帮助幼儿提升了经验和能力？

第三章

记录教师和幼儿成长的课程故事

在幼儿园阶段，教师的教和幼儿的学是课程的主体部分，由于每位教师不同的个人素养、教学风格，以及不同幼儿呈现出来的不同兴趣、需要，每一段"教与学"的经历都具有不同的特点，课程也因此丰富多彩。为了更好地帮助教师回顾和反思教学过程中的所得、不足，教师以课程故事的形式记录"教与学"的过程。

一、教师的预设

课程故事首先要体现教师对某个主题或话题的预设，这是教师根据教育目标，结合自己的教育经验，对幼儿已有经验和当下兴趣的观察、了解和分析，呈现为"主题由来""主题网络"和"学习活动安排表"。

主题探究活动的话题可能来源于教师、幼儿，或是二者共同的讨论。无论话题来源于哪里，教师都要营造轻松愉快、幼儿乐于发表意见的氛围，与幼儿共同讨论，调查幼儿对于这个话题有什么已经知道和想要知道的知识，从而了解幼儿的认知程度和兴趣，进而判断话题的教育价值。（见第 61 页图3.1）

主题网络是整个主题预设的核心，它确定了主题内容和实施途径，对教师下一步安排领域活动起到指引的作用，包括"知识网络图"和"学习网络图"。

"知识网络图"是从教师的角度去罗列、归类与话题相关的一个个元素，有助于教师理清与话题（或主题）相关的各种事物及联系。但幼儿的学习是

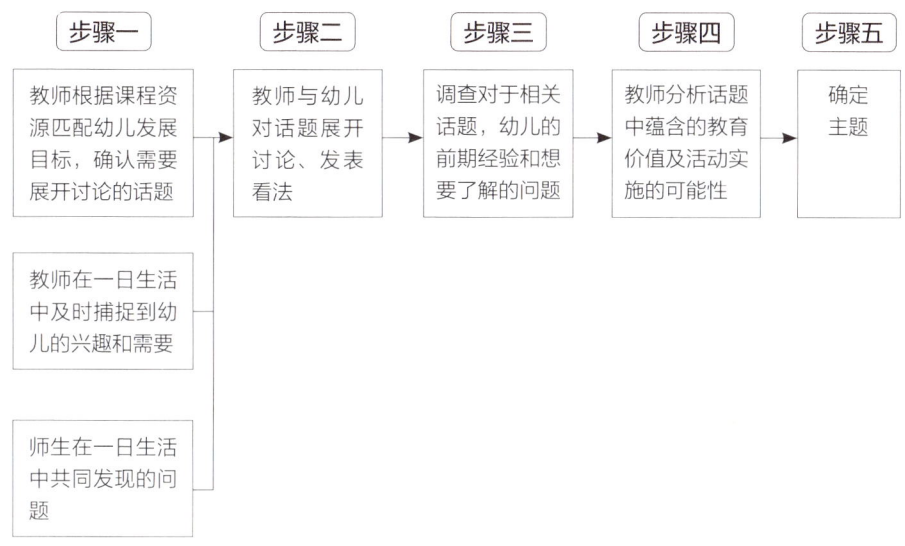

图 3.1　教师确定话题的思考步骤图

综合的、整体的，其经验并非各个知识经验的简单叠加；同时幼儿是在亲身体验和实际操作中获得新经验，因此为了幼儿更好地学习，我们需要思考用活动串联起若干个知识点，同时还要追求活动之间的逻辑联系，以便幼儿获得的经验是整体的、联系的。因此，教师要考虑主题活动的关键经验，设计为达成关键经验所需开展的必备活动，收集开展活动需要的各项资源，在此思考的基础上形成"学习网络图"。

　　接着，教师围绕"学习网络图"中必备活动的设计，安排教学活动，形成"学习活动安排表"。此时应有机整合各领域活动，一方面基于幼儿已有经验和内容内在逻辑考虑活动的设置顺序，另一方面应注意各领域活动尽量均衡。以主题形式开展的活动为幼儿提供整体的、联系的经验，教师在主题活动安排上力求综合各领域的内容，但若有主题活动无法顾及的领域，则需要另行补充相关内容。如主题活动在某领域的倾向性较强，则在周计划中应安排其他领域的非本主题相关活动。

二、共同的活动

在共同的活动过程中，和谐的师幼关系是发挥幼儿学习和探索主动性从而获得新经验的基础，教师通过观察、倾听、解读幼儿的行为和语言，支持他们进行理解、表达、探索和发现。在此过程中，我们需要思考几个问题。

学习过程中幼儿会生成新的兴趣和新的问题，这些生成的活动有意义吗？我们认为，生成的活动是幼儿在主题进行中依据自己的兴趣萌发的，是幼儿主体性的体现。"双成长"课程的理念提倡尊重儿童，因此需要教师在实际教学中尊重幼儿的兴趣和需要，支持幼儿自主性的发展。同时，教师对幼儿自主性的尊重也体现了课程理念的落实。因此要重视幼儿在学习过程中表现出来的新兴趣和新需要，重视生成的内容。

当出现幼儿生成的新兴趣时，是否还要坚持教师预设的主题方向、线索和活动？我们认为，是否坚持教师的预设，要从感兴趣的幼儿数量以及是否符合课程发展目标和主题学习目标两个维度进行综合判断。

班级主题活动终究是集体推进的，因此要考虑感兴趣的幼儿比例。如果生成的内容符合大多数幼儿的兴趣，同时符合课程发展、主题学习的目标，教师可直接将生成的内容加入预设的网络和内容中；如果生成的内容符合目标，但只有个别幼儿感兴趣，则考虑将其作为个别教育的内容，同样可以加入预设的网络和内容中；若生成的内容只有少数幼儿感兴趣，又远离目标，教师应通过集体活动、合作活动等向原有预设的方向诱发这部分幼儿的兴趣；大多数幼儿感兴趣，但远离教育目标的生成内容，这种情况最考验教师智慧，此时教师不可强压幼儿的兴趣，而应在暂时顺应的同时抓取生成内容中的幼儿兴趣点，与目标进行链接。（见第 63 页图 3.2）

在教与学的过程中，教师要做什么？我们认为，教师应基于主题活动开展的实际情况，持续观察幼儿的行为表现，解读他们的需要和兴趣，进行价值判断，从而灵活地调整活动内容、组织形式，并对自己的教育行为进行反思，对教学策略进行提炼。

教师如何推动幼儿学习不断深入？

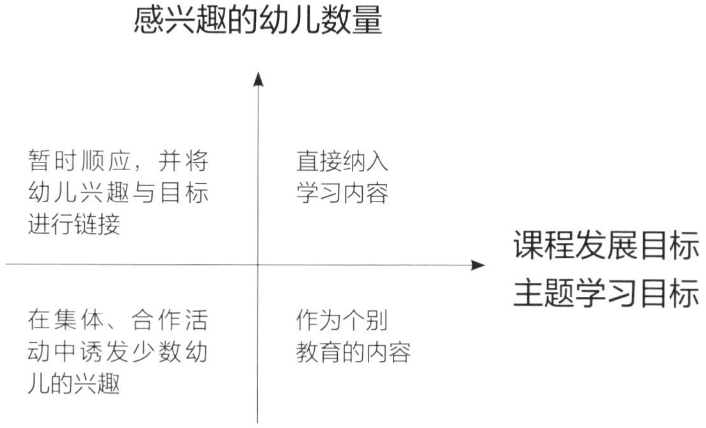

感兴趣的幼儿数量

图 3.2　安排生成性内容的思考路径

一是要组织形式多样的学习活动，如现场参观、讨论、观察、阅读分享、查阅信息、表达表征等。多形式的教和学有助于幼儿在同一主题中获得不同的体验。

二是要发掘一切能够支持幼儿学习的资源（包括时间、空间、物质、人文、自然环境等），帮助幼儿获得直接经验，建构自己的知识架构。

三是要通过驱动性问题引发幼儿的疑惑和探究兴趣。以开放的、真实的、指向价值的，带有情境性和趣味性的问题，提供广阔和多维度的思考空间，既激发儿童的学习内驱力，也为其指明探索的方向。为此，教师要鼓励儿童提问，为创造驱动性问题提供基础，然后根据幼儿问题的相关性对问题进行分类，把握问题的广度、深度以及问题之间的联系，判断和筛选有价值的问题，提炼和澄清关键概念，帮助幼儿不断建构其知识经验。

四是要重视表达表征在幼儿学习中的重要作用。通过创设宽松的环境鼓励幼儿面对成人、同伴表达自己的经历和想法，提供充足的材料、时间、空间让幼儿进行多形式表征（如绘画、泥塑、拍照、录像、表演等），这些有利于幼儿梳理经验，巩固认知。

三、反思和总结

行为知之始，知为行之成。实践是获取认知的必需途径，只有实践才能出真知。我们的课程认知从实践中来，又是对实践的升华。反思与总结便是一个升华的过程。

在课程实践过程中，教师应形成阶段性反思和总结的习惯。在重新回看某个话题（主题）预设、推进的全过程时，教师反思当时的教育行为背后有哪些问题、采取的策略是否有效，及时发现不足，重新调整，做出改进的计划；还能提炼方法、总结经验。

在课程故事最后的"主题总结与反思"中，从教师和幼儿的角度分析，我们从中各获得了怎样的成长，或是情绪情感的收获，或是知识与技能的成长，又或是一些新的畅想……

课程故事 1：

我的情绪我做主

实施年龄段：小班

讲述者：庄娜、彭飘飘、卢懿江

实施时间：2022 年 10 月

【主题由来】

发现：幼儿仍然处在分离焦虑阶段

小班秋季学期进入第四周，绝大多数幼儿的行为表现相对稳定，基于这种情况，我们把现阶段教育重点转移到礼貌教育上。一周后的班会上，几位老师谈到孩子们在面对老师们的热情问候时回应比较"安静"，打招呼的积极性和主动性不足。我们猜测可能是幼儿现阶段缺乏人际交往技巧或是礼貌意识。

于是，带着"为什么不跟老师打招呼呢？"这个问题，我们与幼儿展开了谈话，并进行了分析，得出的结论是：幼儿确实存在礼貌教育、交往技能方面的不足，但更多反映的是分离焦虑的情绪问题。

从《指南》来看，情绪的安定与愉快是幼儿保持身心健康以及产生适应行为的重要条件；情绪比较稳定，很少因一点小事哭闹不止，也是《指南》对于小班幼儿提出的健康领域发展目标。

结合：年级主题方向——"这就是我"

本学期小班拟开展的第一个主题活动方向是"这就是我"，这是基于幼儿现阶段以自我为中心的特点，计划从幼儿自身出发，帮助其了解自己的身体、性别、情绪等，从而提升自我认知经验。

结合主题方向，我班计划聚焦"情绪"带领幼儿一起探究，正好与年级主题方向相契合。

综合当下幼儿的发展需求及教师的教育教学计划，促使我们生成这个关于情绪的主题活动，我们将通过一系列活动帮助和支持幼儿感知情绪、识别情绪、表达情绪以及调节情绪。

【知识网络图】

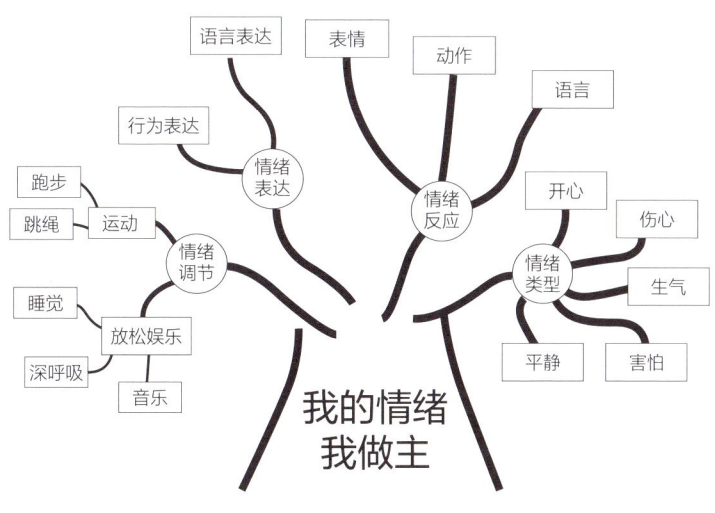

图 3.3

【学习网络图】

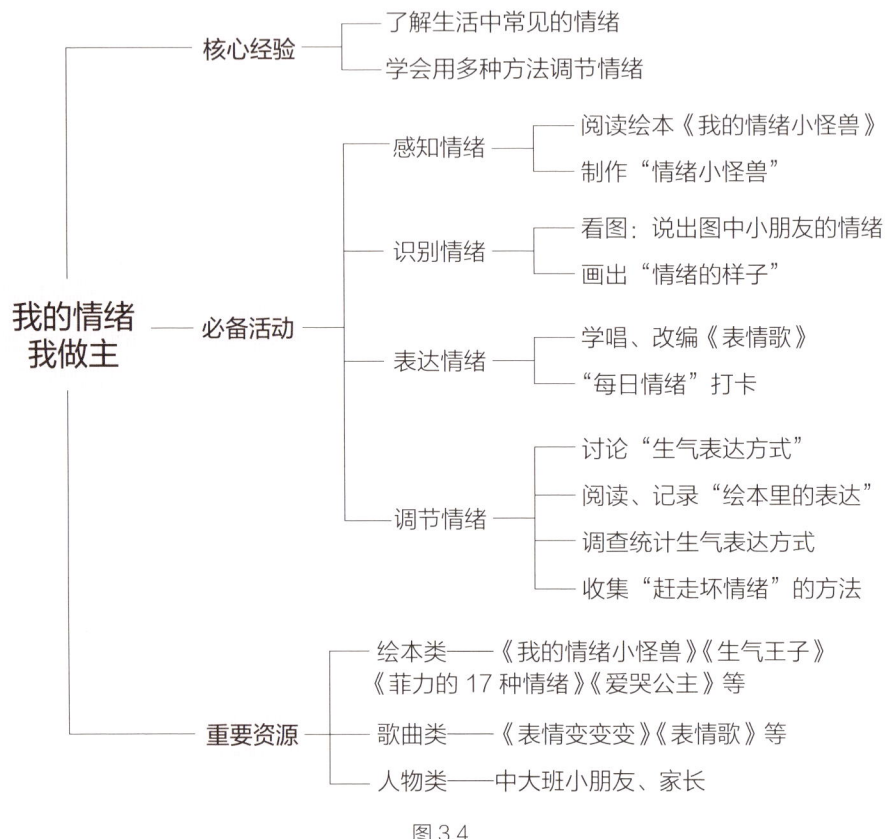

图 3.4

【学习活动安排表】

表 3.1

序号	可开展的活动	活动类型	活动目标
1	谈话：什么是情绪？	集体	幼儿用自己的语言表达对情绪的理解
2	语言：绘本《我的情绪小怪兽》	集体	感知生活中常见的情绪类型
3	美术：制作"情绪小怪兽"	小组	通过色彩进一步感知情绪
4	综合：看图说情绪	集体	通过表情、动作识别情绪

（续表）

序号	可开展的活动	活动类型	活动目标
5	美术：画出"情绪的样子"	区域	了解各种情绪的反应
6	音乐：《表情歌》	集体	了解情绪表达的方式
7	健康：情绪打卡	区域	识别自己的情绪及其产生原因
8	健康：情绪树洞	区域	通过操作情绪排解卡，学会自我放松心情
9	社会："生气"的表达方式	集体	讨论、理解"生气"情绪的来由以及恰当的表达方式
10	语言：阅读情绪绘本	区域	能够阅读和记录绘本里的生气表达
11	数学：统计生气表达方式	集体	梳理生气的表达方式
12	社会：收集"赶走坏情绪"的办法	亲子	学会调节情绪
13	语言：听故事《菲力的 17 种情绪》	集体	梳理菲力的多种情绪并再次讨论生气的表达方式
14	社会：采访大班同学如何让心情变好	小组	通过采访获得更多关于情绪调节的经验并总结成果
15	语言：亲子讨论、分享情绪调节办法	亲子	通过家园互动整理情绪调节经验并在班里分享

【活动记录】

活动一：绘本活动《我的情绪小怪兽》—— 感知基本的情绪

为了了解孩子们对于"情绪"的理解，我找来一本绘本——《我的情绪小怪兽》，这是一个用色彩变化展现不同情绪的绘本故事，书中用生动形象的语言描述了小怪兽的多种情绪以及情绪场景。我决定让孩子们通过阅读绘本和看视频的方式了解这个故事，并分享对于"情绪是什么？"这一问题的理解。

林霏："是一个人很开心或很不开心。"（单种情绪）

永韬："就是很生气。"（单种情绪）

深东："就是我很不开心。"（单种情绪）

灵颖："就是有伤心、害怕、平静、开心，还有生气。"（多种情绪）

沛予："哭，很伤心。爸爸妈妈不让吃东西的时候，很难过、很伤心。"（联系原有的经验进行说明）

　　幼儿对情绪的认知经验具有差异性。大部分幼儿对常见的情绪有初步认知，但关于情绪好坏、会发生变化等还不清晰，甚至有的幼儿认为情绪就是一种负面情感——不开心、生气、伤心。

　　我希望孩子们能回顾发生的事情，体察自己的情绪，从而更好地面对和处理。

活动二：和环境中的情绪小怪兽互动——接纳情绪

　　自从听了"情绪小怪兽"的故事，这本绘本立刻成为阅读区的"热门书籍"。顺应孩子们的学习兴趣，我从主题环境入手，在语言区创设一面故事墙，让故事中小怪兽"现身"与幼儿互动。

图3.5

　　果然，当孩子们发现了这一变化，立即对"小怪兽"的到来展现出了小主人的热情与欣喜，纷纷凑上前与小怪兽们打起了招呼，聊起了天儿。

　　皓皓："何清浅你看，这是情绪小怪兽。这个红色的，它会喷火焰，（指了指自己的衣服）我穿的也是红色的。"

辰晞:(指着黑色)"这是害怕;
(指着黄色)这是高兴。"

图3.6

槿柃:(指着粉色)"这是爱你。"

灏轩:"我的怪兽好可爱呀。"

靖宸:(用手指从左到右点数)"1、
2、3、4、5、6、7,7个小怪兽。"

刚刚走进教室的景程:(指着黄
色)"我今天是高兴的。"

我问从早上入园后就不说话的抒翰:"你是什么颜色的小怪
兽?"

抒翰:(低声说)"蓝色的。"

活动三: 做一个情绪小怪兽——通过色彩进一步感知情绪

"情绪小怪兽"深受欢迎,有的孩子说:"我喜欢红色小怪兽";有的说:
"我喜欢粉色的";还有的说:"我最喜欢黄色的。"什么颜色能够代表什么情
绪呢? 我请孩子们使用彩色超轻黏土来制作一只"有情绪"的小怪兽。

承挚:"我给小怪兽画了(绿
色的)嘴巴,它是平静的。"

图3.7

图3.8

林霏:"我喜欢粉色,它是有爱
心的。"

景程："你看，我给它画了阴天下雨（头顶涂黑），它很难过。"

梦昕：（指着她的红色小怪兽）"这全部都是火冒三丈。"

梓然："（红色）他在'吼'，他没穿好衣服好生气。"

深东："（蓝色小怪兽）伤心得流眼泪。"

图3.9

小朋友们对这个活动是非常感兴趣的，简单的造型和材料都便于幼儿进行操作和表达。色彩和情绪息息相关，通过这个活动不仅可以理解色彩和情绪的关系，也支持幼儿发挥想象，赋予情节，同时，还为教师提供了深入了解幼儿的机会。

活动四：看图猜猜他们的情绪颜色——识别情绪

当小怪兽出现不同情绪时，它的表情、语言、动作不一样，也就是说，我们还可以通过这些元素来判断一个小怪兽的情绪。于是，我选取了一日活动中的图片，邀请幼儿看一看、想一想、说一说图中小朋友正在做什么、情绪是怎样的，并将这些情绪分类送到情绪瓶中。

图3.10

深东："他们在玩游戏，很开心，黄色是笑眯眯的笑脸，送到黄色的瓶子里。"

云涛："他抢我的书，我是生气的，放在红色瓶子里。"

亦奇："难过地哭的，放进蓝色瓶子里。"

图 3.11

图 3.12

灵颖："黑色是害怕，害怕地躲起来，看不见了。"

教师思考与分析

　　利用生活中的图片来讨论情绪，还有一层考虑是让幼儿知道抢书、打人这些行为是不可取的，这些行为带来的直接情绪是生气或伤心，并不利于小朋友之间的友好交往。

　　情绪的表达方式多种多样，对孩子们来说，最常见的方式不外乎表情、动作、声音。我想，如果孩子们可以识别同伴的情绪，应该可以避免一些矛盾或误解吧。

活动五：画出"情绪样子"——识别情绪反应

　　出现不同情绪时，会有哪些不同表现呢？我想孩子们还可以通过图画表征的方式来分享他们的经验与观察。

图 3.13

　　云涛："生气的时候是叉着腰、龇着牙的。"

活动六：学唱、改编《表情歌》——表达情绪

情绪还会藏在歌曲里，《表情歌》这样唱道："我高兴，我高兴，我就哈哈笑。"我想可以用音乐游戏的方式，让孩子们感受、体验各种情绪的表达。

音乐响起，小朋友们竖起了小耳朵安静聆听着，没一会儿，就开始有小朋友跟着旋律轻声地哼唱，而且不由自主地做出歌词里拍手、跺脚的动作，好玩的音乐游戏一下子就吸引了他们，小朋友们纷纷站了起来，用全身感官去感受与表现歌曲里的情绪。

"再来一次，再来一次。"听了几遍音乐后，小朋友们意犹未尽。

趁着他们对歌曲的兴趣正浓，我开始改编歌词，我唱道："我生气，我生气，我就……"这时，我放慢语速拉长了声音，然后停下来问："生气除了跺脚，还会做什么？"

嘉欣马上叉着腰回答道："叉腰！"

我立刻把她的改编放进歌曲里，唱道："我就叉着腰，看大家一起叉着腰。"

又有小朋友提议道："抱手臂……皱眉头……"我们唱着新词、做着新动作。

小朋友们不断把想到的情绪表现放进歌曲里，就这样，游戏反复进行了下去。

教师思考与分析

《指南》里提到，儿童生来具有艺术潜能，在游戏中活动，幼儿常常会自发地用唱歌或跳舞来进行信息的交流与情感的表达。

在这个音乐游戏中，小朋友们会发现，高兴、生气、难过时可以用许多身体动作进行表达。这个活动一方面丰富了幼儿的情绪表达经验，另一方面加深了他们对行为背后情绪的理解。

活动七："每日情绪"打卡——表达情绪

某个早上，灵颖来到教室后就牵着老师的手说："老师，我今天是伤心的，因为有点累了。"一旁路过的景程听到后，马上说："我今天早上很伤心地哭着来上学，因为我太想妈妈了。"

自从讨论了情绪这一话题，小朋友们对情绪的分享变得频繁和迫切。为了满足孩子们的分享需求，我在教室的一面墙上设置了情绪打卡点，让孩子们可以在这里随时随地分享情绪。

这面情绪墙再次成为教室热点，孩子们每天来到教室后都会先到这里打卡。

梓然："我是笑眯眯上幼儿园的，不是伤心的。"

皓宁："我现在也不难过也不开心，就是正常的。"

（师：为什么是黑色的？）抒瀚："因为我害怕爸爸妈妈收我的玩具。"

清浅：（拿了一个黑色的）"我是害怕的，因为我在家做了一个很可怕的梦。"

承挚："我今天是蓝色的，我刚刚哭了。因为我碰到了电梯，阿姨骂了我。"

灏轩：（先是拿了黄色笑脸，不一会儿，又重新换上蓝色哭脸）"我刚刚在家哭了，因为我不想穿那个鞋子，妈妈非要我穿。"

衍然：（指着徐亦奇的红色）"你是红色的吗？你是生气的吗？"

图 3.14

教师思考与分析

借助"打卡"这一行动，我们看到，每天早晨，孩子们都喜欢停留在这面情绪墙旁，他们对情绪的表达变得更加主动，从"被问"到逐渐开始"主动说"，这便是学习的内驱力。与此同时，小朋友们甚至开始关注同伴的情绪状态。孩子们从自我关注到关注同伴，这是关心他人的社会性发展体现。

活动八：观察与谈论"情绪打卡墙"——回顾情绪，说出情绪来由

每日情绪打卡，成为孩子们感兴趣的话题之一，所以，我们会在晨谈的时候，共同查看当日的打卡情况。一看到教学机上的情绪打卡图片，小朋友们就迫不及待地分享自己的观察发现。

图3.15

景程：（指着自己头像旁的笑脸）"看，我今天的心情就是开心的。"

婉灵："我是红色的生气。"

沛予："我也是生气的，因为爸爸不让我带糖来。"

靖如："有好多黄色的开心。"

顺着靖如的话，我提问道："那这里有几个黄色的开心呢？"小朋友们纷纷举起了手指，对着图片开始数了起来，"1，2，3……9个。"话音未落，孩子们立刻转向了其他情绪颜色的数数，"平静的有5个，害怕有2个，生气情绪有4个。"

"为什么这些小朋友会感到生气、害怕呢？"我对这个情况有点好奇，于是追问道。

梓嘉举着小手向我示意，说道："我是生气的。"我继续问道："为什么

呢？"她停顿了一下说："我也不知道。"深东马上就站了起来，说："我是害怕的，因为早上爸爸说跳绳放在推车里，我害怕跳绳和球被别人拿走。"

"那你现在还感到害怕吗？"深东摇了摇头。"你现在已经把害怕情绪赶走了，对吗？你用了什么办法赶走害怕呢？"

这时深东咧开了嘴，笑着说："钱老师说她会帮我拿进来放着。"

我帮他重复了一遍："你把害怕跳绳和球被拿走这件事情告诉了钱老师，然后钱老师帮助了你，这样你的害怕情绪就溜走了。"

把害怕或者生气的事情，说出来给老师听，这是一个好办法呢！

教师思考与分析

这个活动能够帮助小朋友们找到其中隐藏的数概念，即手口一致地点数，并说出总数。

回看情绪打卡情况，一些小朋友能说出自己情绪的来由，但也有一些小朋友说不出来，我想，这可能是他们对情绪的理解还不够深入，也可能是语言表达能力不足。

情绪无非好坏，但倘若能帮助孩子们更好地了解自己和他人的情绪，掌握恰当的情绪表达和调节方法，将有助于孩子发展交往技巧，提高人际交往能力。

活动九：分享"生气时刻"、讨论"生气表达方式"

对情绪的探究活动进行到此时，我想知道孩子们对于"生气"这种情绪的认识。于是，我提出一个问题："什么事情会让你感到生气呢？"于是我们展开了第一次关于"生气"的讨论。

奇奇："别的小朋友打我的时候我就会生气。"

智臻："在家里没有刷牙的时候。"

云涛："我想出去玩的时候，奶奶不让我出去玩耍。"

看来，小朋友们对于日常生活中的一些"生气时刻"还是记忆犹新的，能够把这些事情清晰、完整地描述出来。于是，我继续提出问题："当你感到生气的时候，你会怎么做？"

个别小朋友立刻双手叉着腰，做出"生气状"。（肢体动作表达）

图 3.16

彤彤抱着手臂，低着头、面露难色，嘴里嘟囔着："我生气了。"（表情、语言表达）

滔滔从位置上站了起来，面目狰狞，鼻子一哼，大声说着："我很生气。"（语言表达）

其他小朋友见状，也纷纷模仿了起来。

教师思考与分析

小朋友们会用表情、动作、语言来表达生气的情绪，说明在他们的认知中，生气是看得见的一种情绪，这是来自他们在日常生活中对他人和绘本、视频中人物形象的观察。

但他们对于生气的表达比较单一，我想，生气当然还可以有各种表达，所以，我打算通过一些情绪绘本来拓宽他们的认识与理解。

活动十：阅读、记录"绘本里的生气表达"

我往阅读区里投放了一系列和情绪——尤其是"生气"情绪——相关的绘本，《爱哭公主》《生气王子》《菲菲生气了》《生气的亚瑟》《我的大喊大叫的一天》……这些故事里小主人公生气之后的表达方式各不相同。

图 3.17

我给孩子们读绘本，鼓励他们在区域活动、

餐后活动时间自行阅读。我提出要求，让他们观察绘本里的图画，找到绘本主人公生气时的做法，然后记录下来。

图 3.18

嘉树："它生气后在喷火。"

图 3.19

九儿："生气了嘴巴会喷火。"

图 3.20

图 3.21

承挚、景慈："她生气像疯了一样，大吼大叫。"

教师思考与分析

　　这是小朋友们初次尝试用绘画的方式记录自己的观察与发现。

　　有的小朋友对新尝试有畏惧心理，跟我说："老师，我不会画。"对这些小朋友我采用了淡化问题、表达信任的方法，我笑着说："没有关系的，你可以试一试，看看书里的图画，然后你想到什么就画下来。"

　　从最后的绘画作品和小朋友的语言描述中，我感受到对孩子而言，重要的不是画出来的作品线条流畅或者内容丰富，而是感受到自己可以用画画记录的方式表达自己的想法。

活动十一：听故事《菲力的 17 种情绪》

在前期绘本阅读的基础上，我选了《菲力的 17 种情绪》这一绘本，与孩子们做重点分享与交流。

听完这个故事以后，我与孩子们一起回顾、梳理菲力的多种情绪。

教师："菲力开心的时候会怎么样呢？"

深东："会躺着看天空、云朵，看着虫子玩。"

清浅："会哈哈大笑。"

教师："菲力伤心的时候会做什么事呢？"

锐欣："会踩踩脚。"

Toby、深东："很难过，会蹲在那里哭。"

云涛："会躲起来，不想说话。"

教师："菲力感到生气时会怎么样呢？"

林霏："会躲起来，会抱着皮皮。"

深东："会尖叫。"

景程："会在地上打滚儿。"

教师思考与分析

至此，孩子们通过自主阅读、深入了解菲力的故事，积累了"生气"时各种各样的做法，丰富了对情绪（生气）表达的经验和理解，这将推动他们更深入地理解什么是"生气"时恰当的行为。

活动十二：第二次讨论"生气表达"并做出判断

经过对"生气"这一情绪接连几次的探索、表征，小朋友们对于"生气"情绪的理解和表达是否会有新的变化呢？为此我和孩子们展开了第二次关于"生气"的讨论："当感到生气的时候，你们会怎么做呢？"此次讨论前我提出了要求：每个小朋友在倾听伙伴表达观点的时候，心里要想一想，这个做法是不是一个好办法?

讨论过程中，有的小朋友脱口而出的仍是一些比较"负面"的行为，如:

图 3.22

> 锐欣:"会打人，我弟弟老是打我。"
>
> 梓然:"会大吼大叫。"
>
> 云涛:"我会不想跟别人讲话。"
>
> 梦昕:"像喷火龙一样喷火。"
>
> 景程:"会气得跺脚。"
>
> 林霏:"丢玩具。"

这时，一部分幼儿似乎已经开始形成"是非对错"的观念，会用动作表达:这样是不对的。

讨论后，我们把幼儿所有的做法记录下来，用图片进行呈现，请大家再一次回顾并判断:当生气时，这样的做法是否恰当?

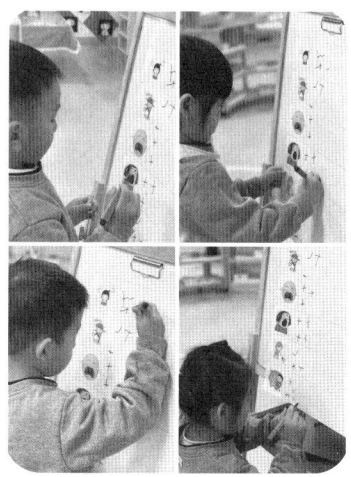

图 3.23

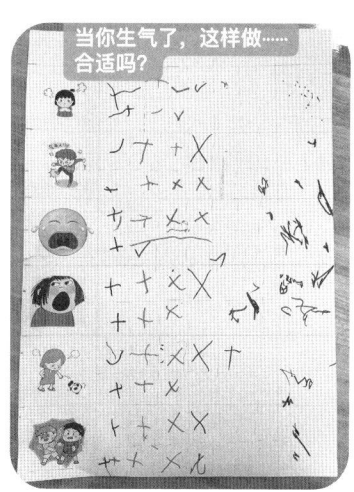

图 3.24

教师思考与分析

　　从孩子们的表达中看到，绘本中介绍的方法已经逐渐与他们的经验相融合，但有的小朋友显然仍未形成新经验，或者这个新经验并不牢固，因此才会仍然说出一些相对"负面"的行为。

　　另一方面也可以看到幼儿开始对"生气时的做法"产生了"是非对错观念"。大家一致否决"打人、大吼大叫、丢玩具"这些做法；但对于"跺脚、哭、叉腰、抱手臂"这些方式，则持不同的看法，但多数幼儿还是认为这些行为并不恰当。

　　生活中"生气"的情绪难以避免，理解情绪、恰当表达情绪后，孩子们还应该知道如何调节负面的情绪，这是非常重要和关键的。

活动十三：采访大班哥哥姐姐："生气后，怎么让心情变好？"

　　我再一次提出问题："如果你生气了，你的心是什么感觉呢？"为了帮助幼儿理解和表达，我出示了两张图片。小朋友们一致选择了第二张图，他们说："爱心坏了。""心都碎了。""心里会很难受。"

　　当说到"生气后心都碎了"，孩子们的表情显得有些担忧。我对他们说："如果真的生气了，不用担心，只要找到重新开心起来的办法就好了。你们有什么办法让自己变得开心呢？"

图 3.25

　　辰晞马上回答道："妈妈给我买公主玩具，我就会很开心。"抒翰跟辰晞有着一样的想法，其他小朋友听到后也陆续给出了相似回应。或许这个问题对小班幼儿而言存在困难，于是我提出了建议："要不我们去问问大班的哥哥姐姐吧。"这个想法得到了小朋友们的支持。

　　我们首先明确了采访的问题：生气了要怎样让自己重新开心呢？我告诉

小朋友们要记住大班哥哥姐姐说出来的办法。然后趁着区域游戏时间，我们一起前往大班进行采访。

图 3.26

热情的哥哥姐姐们看到小朋友到来，纷纷主动询问来由，并大方、耐心地回答提问，分享了许多关于赶走生气情绪的想法，有的大班幼儿把方法画下来，拿着画再次跟弟弟妹妹一一解释他们的好办法。

图 3.27

芷晴："深呼吸。"

图 3.28

琼尹："吃好吃的东西。"

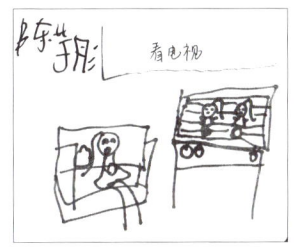

图 3.29

芊彤："看电视。"

图 3.30

海漾："出去玩。"

图 3.31

旭槿："想想开心的事情。"

小朋友们收到哥哥姐姐的"手绘记录"后，如获珍宝，拿在手上反复仔细看，开心极了。

图3.32

采访结束，小朋友们回到班级，迫不及待地进行了分享，给其他小朋友展示了"手绘记录"，并把哥哥姐姐让心情变好的办法告诉了大家。

活动十四：亲子互动"如何赶走坏情绪"

为了更好地巩固孩子们在调节情绪方面的经验，我们设计了一场亲子互动，首先在班级群发布了活动任务。

家长们利用周末时间，与孩子进行了话题讨论，并且还用幼儿能看懂的方式做了图文记录。

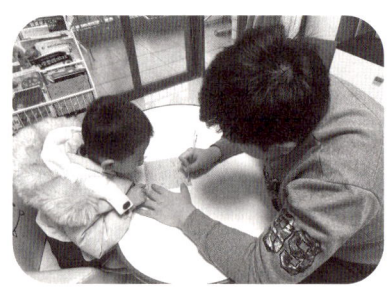

图3.33

图3.34

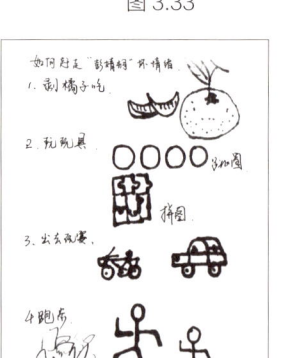

图3.35

图3.36

家长们还为小朋友们录制了视频发布在班级群里，视频中，小朋友们相互分享了好多关于调节负面情绪的好办法。

桐桐："剥橘子、吃橘子、跳圈圈、玩拼图、骑自行车、坐爸爸的车兜风，还有跑步。"

靖如："跟好朋友视频聊天儿。"

衍然："吃好吃的东西、深呼吸。"

靖宸："妈妈抱抱。"

景慈："我有三个办法，第一个是告诉爸爸妈妈；第二个是跑步，跑步跑得快，'生气'就追不上我了；第三个是玩玩具，玩玩具玩得很开心，生气都跑了。"

教师思考与分析

亲子互动再次丰富了小朋友们调节情绪的经验。通过这次活动，我更加意识到家庭教育的力量，家长是班级、班级教师的教育同盟，当教育目标一致且明确，将非常有效地提高教育质量。

活动十五：总结和分享"我的办法"

经过采访、亲子互动之后，我非常期待了解小朋友们对于"生气时可以怎么做"这个话题的新认识，于是我们开展了第三次相关的讨论。

图 3.37

图 3.38

林霏："生气时可以在大树下面休息一会儿。"景程："生气的话就去公园玩。"

图 3.39

图 3.40

图 3.41

亦奇、云涛：　　　辰晞、靖宸、抒翰："买一些　灵颖："从一数到十。"
"去跑步。"　　　能让你快乐的东西（玩具）。"

【主题总结与反思】

　　本次主题活动中，教师通过对幼儿晨间问好行为的观察、分析，结合幼儿的语言讲述，了解他们当下的发展情况与需求，并结合《指南》建议进行了主题预设。主题活动开展过程中，根据幼儿的探索需要，不断挖掘相关的学习资源，提出支架性问题，为幼儿提供学习支持，并进行了及时反思，主题活动推动了幼儿和教师的双成长。

一、幼儿成长

　　提升了对情绪理解、表达和调节的经验。认知和调控情绪是社会性发展水平的体现，幼儿在本次主题探究活动中了解了情绪的基本类型，有效丰富了对自己和他人情绪的认知，基本掌握了恰当的情绪表达方法，为今后的社会性发展做好了铺垫。

　　丰富了参与各种活动的体验。本次主题探究活动设计了绘本阅读、美术创作、音乐游戏、采访、交流讨论等多种形式的活动，对幼儿的学习过程和结果也采用记录、表格、统计、打卡等形式呈现，与幼儿共同打造了可互动的主题环境，丰富了幼儿的学习体验，扩大了其交往范围，增强了其学习自信。

二、教师成长

　　加深了对主题探究活动的理解。我园的主题探究活动是在教师预设的基础上，结合《指南》中小班年龄段幼儿的学习和发展目标预设了主题目标和学习内容，在过程中通过仔细观察和分析幼儿行为及其需要，提供支架性问题，开发利用了绘本、家庭、其他班级人员等资源，将幼儿的兴趣、生成的需要和教师的预设相结合，并通过形式丰富、灵活的活动帮助幼儿形成、巩固新经验，从而达成主题学习目标。

细化了对幼儿已有经验和年龄特点的了解。幼儿的学习和发展有差异性和特殊性，只有用眼睛捕捉幼儿在每一个探究活动、日常生活中的行为和情绪表现，倾听他们对于"情绪"的语言表达、美术表征，及时记录其语言，分析其作品，过程中还要不断进行有效的师幼互动，才能更全面把握幼儿当下的经验，判断下一步的教育支持。例如从幼儿的表达中分析，从其开始时认为情绪就是快乐或者生气这样的单一情绪，到主题结束时能使用多种情绪词语表达当下的感受，说出如何调节"生气"情绪，这就是幼儿经验的变化和提升。

提高了灵活使用各种资源提供教育支持并达成教育目标的能力。教学资源不仅限于物质，还有人。在本次主题探究活动中，我们不仅提供了与情绪相关、符合幼儿年龄阶段的绘本、歌曲等教学资源，支持幼儿通过看、听、说、表演等多种方式来感受情绪，还让家庭、其他班级的学生都成为帮助幼儿拓展经验的有效资源，扩大了幼儿的交往和交流范围，提高了家长对班级教学、幼儿学习的关注度，家园共育促进幼儿的成长，帮助幼儿了解更多调节情绪的方法，使得幼儿能够将经验迁移与运用到日常生活中。

课程故事 2：

厨房探索记

实施年龄段：小班

讲述者：江艳云、黎金燕

实施时间：2022 年 5 月

【主题由来】

　　小班第二学期的幼儿已经逐渐熟悉幼儿园，他们非常乐意讨论身边发生的一切事情，能够聚焦一个主题表达自己的看法，而且还能回应别人的发言。有一天晨谈，我分享了当天的活动计划，提到中午是自助餐，孩子们的兴致一下子高昂起来。

　　　　"太好了，今天吃自助餐！"

　　　　"我最喜欢吃自助餐了，我喜欢什么就夹什么。"

　　　　"我喜欢吃薯条。"

　　　　"我喜欢吃肉丸子，就是那种酸酸的、甜甜的丸子。"

　　　　"我最喜欢吃幼儿园的鸡翅，就是那种有点酱油的、有点黑的（卤汁鸡中翅）。"

　　　　"我也喜欢，妈妈说这个不热气。"

　　　　…………

　　孩子们对幼儿园的饭菜感兴趣，于是我围绕"饭菜从哪里来"和"厨房"提了几个问题，发现他们对此也很感兴趣，可常识不足。我想，虽然厨房与孩子们的生活息息相关，但他们应该很少涉足。

　　正好本学期小班年级为了支持孩子们进一步了解幼儿园的人、事、物，决定从"我和我的幼儿园"的角度开展主题活动，那么，"幼儿园的厨房"就成为我和孩子们都感兴趣的话题了。

　　2022年国家颁布的《幼儿园保育教育质量评估指南》中提到"发现和支持幼儿有意义的学习，采用小组或集体的形式讨论幼儿感兴趣的话题，鼓励幼儿表达自己的观点，提出问题、分析解决问题，拓展提升幼儿日常生活和游戏中的经验"，我们的活动就以此形式开展。

【知识网络图】

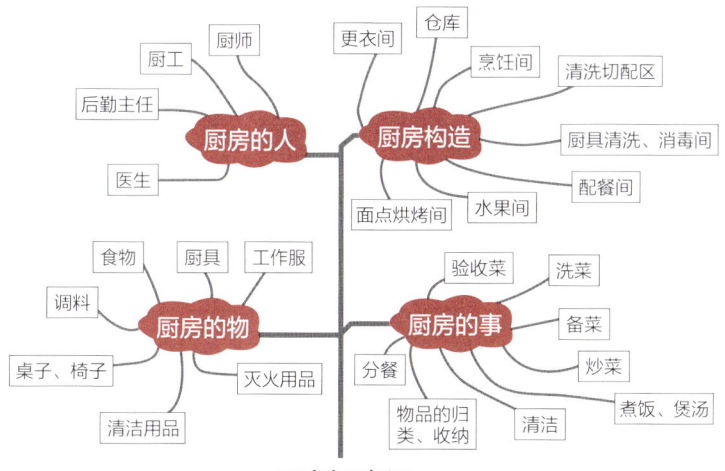

图 3.42

【学习网络图】

厨房探索记

- 核心经验
  - 了解厨房里的人和事
  - 体验帮厨，尝试使用削皮刀，有初步的劳动体验
  - 形成劳动意识，体验劳动光荣，能将经验迁移到家庭和幼儿园的其他活动中

- 必备活动
  - 调查厨房里有什么
    - 厨房的环境——厨房安全小知识
    - 厨房的物品——蔬菜艺术创作
    - 厨房里的人——厨工、厨师
  - 体验厨房的劳动
    - 厨房工作人员做什么？(观看、访谈等)
    - 我能为午餐做什么？
      - 洗菜
      - 给蔬菜削皮
      - 剥蒜
    - 家园共育：给爸爸妈妈帮忙
  - 让饭菜更好吃
    - 调查各年级小朋友喜爱的菜式
    - 给幼儿园的配餐提建议
    - 感谢厨房工作人员

- 重要资源
  - 人的资源
    - 幼儿园工作人员(园长、主任、电教老师、厨房工作人员)
    - 其他班的老师、幼儿
    - 家长
  - 场地资源
    - 幼儿园厨房
    - 开展帮厨体验活动的场地
    - 家庭厨房
  - 工具等物的资源
    - 幼儿园配备的食材(萝卜、胡萝卜、蒜头、莲藕等)
    - 工具(削皮刀、漏水篮等)
    - 用于替代实地参观的厨房工作视频、图片等

图 3.43

【学习活动安排表】

表3.2

序号	可开展的活动	活动类型	活动目标
1	谈话：香喷喷的饭菜从哪里来？	集体	知道香喷喷的饭菜是幼儿园厨房叔叔阿姨共同辛勤劳动做出来的
2	实践活动：参观幼儿园的餐厨区	小组	了解幼儿园餐厨区的设计及作用
3	综合：幼儿园的餐厨区域	区域	能大胆运用线条、符号等元素，将自己观察到的事物表征出来
4	谈话：厨房里的人	小组	初步了解幼儿园厨房人员的工作，体会厨师和厨工的辛苦，学会尊重别人的劳动成果
5	科学："厨房里的国王"	集体	认识厨房中常见的用具，知道它们的用途
6	安全教育：不能玩的厨房	集体	了解厨房里的危险，知道不能在厨房玩闹，有初步的安全意识
7	美术：我是小厨师	集体	了解厨师的工作内容和特点，并能画出心目中的厨师
8	谈话：幼儿园里的饭菜我最喜欢……	集体	能积极大胆地用自己的语言表达对幼儿园饭菜的喜爱
9	社会实践：调查采访"最喜欢吃的菜式"	小组	能勇敢地和不同年龄段的小伙伴进行互动，完成调查实践任务
10	健康："香香的蔬菜"	小组	了解黄色蔬菜、绿色蔬菜、紫色蔬菜的营养价值，逐步养成健康饮食的意识
11	谈话：厨房里的常备物品	集体	了解不同种类的厨具、炊具、清洁用具等，知道正确的使用方法，并尝试按照物品的作用归类整理

（续表）

序号	可开展的活动	活动类型	活动目标
12	科学："香香的蔬菜"	集体	学习通过蔬菜颜色进行分类
13	美术：爱跳舞的西蓝花	区域	大胆用线条、符号表现自己对西蓝花的认识
14	美术：蔬菜拓印	区域	了解胡萝卜、莲藕等常见蔬菜的横截面；能用蔬菜的横截面蘸上颜料进行印花，感知拓印的方法
15	美术：撕贴画——丝瓜	区域	认识丝瓜，观察丝瓜的外形特征，并掌握丝瓜纹路的表现方法
16	社会：厨房的安全标志	小组	认识厨房里常见的安全标志及含义，增强安全意识
17	科学：水果里的秘密	集体	发现水果切面的不同，能将水果外形和切面图案进行匹配
18	健康：我会使用餐具	集体	知道并学习正确使用常见餐具的方法
19	科学：厨具分类	集体	知道常见厨具的用途，学习根据厨具的功能进行分类
20	美术：爱心卡	小组	制作爱心卡送给厨房叔叔阿姨表达尊重和感谢
21	数学：统计"最喜欢吃的菜式"调查结果	区域	初步尝试用点数的方式统计调查结果
22	歌曲：《蜜蜂做工》	集体	感受蜜蜂劳动的愉快心情，体验劳动的辛苦。体验用身体动作表现音符高低的快乐
23	音乐：歌曲与演奏《牛奶三明治》	小组	熟悉歌曲的旋律和歌词，学唱歌曲

（续表）

序号	可开展的活动	活动类型	活动目标
24	歌曲：《勤快人和懒惰人》	小组	熟悉乐曲的旋律和 AB 结构，听辨 A 段节奏快，B 段节奏慢；学习用不同的方式如打节奏、乐器演奏来表现音乐节奏的快慢
25	儿歌与节奏：《烤面包》	小组	熟悉儿歌内容，运用说白节奏练习稳定的固定拍，用肢体动作演绎儿歌

【活动记录】

预设和引发

小朋友们常常会讨论他们对食物的感受，可是，他们对做出这些食物的幼儿园厨房工作人员和厨房又有什么样的理解呢？

孩子们的已有经验是主题探究活动的起始，因此我计划首先从谈话和表征两个方面了解孩子们对幼儿园厨房的已有经验，再有针对性地开展接下来的活动。

老师："你们觉得幼儿园的饭菜怎么样？"

豪豪："我感觉很美味。"

娴娴："我感觉幼儿园的饭菜很好吃。"

桐桐："我感觉幼儿园的饭菜很香。"

老师："又香又美味的饭菜是从哪里来的呢？"

耀耀："农民伯伯种出来的。"

源源："厨师做出来的。"

耀耀："收粮食的车运来的。"

老师："把农民伯伯收割来的粮食运回幼儿园就可以吃了吗？"

菲菲："还要煮饭。"

老师："幼儿园的饭菜是谁做出来的？"

幼儿："厨师。"

老师："厨师在哪里呢？"

幼儿："厨师在厨房里。"

老师："幼儿园的厨房在哪里呢？"

幼儿："在一楼。"

孩子们用图画对自己的经验进行了表征：

图3.44

小徐："我们班在三楼，幼儿园厨房在一楼，要从楼梯往下走，才能到一楼厨房。"

靖怡："王老师从电梯口把餐车推回班里，小朋友们排队去取餐，小朋友们喜欢吃比萨。"

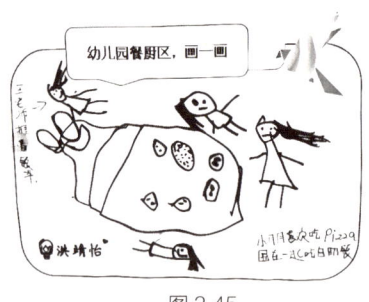

图3.45

教师的思考与分析

这个话题幼儿感兴趣，他们积极参与讨论、表达自己的想法。

幼儿具备相关的已有经验。他们记得平时在游戏活动、散步时遇见过厨房叔叔、阿姨，知道保育老师每天推着餐车回到班里。同时也理解幼儿园的饭菜是需要厨师对原材料进行加工的。

能将已有经验迁移，用于解释新的问题。他们将班级进餐的环境迁移至幼儿园的餐厨区。

活动一：我知道的幼儿园厨房

在这个主题探究活动中，幼儿园的厨房是必不可少的资源，但在实地参观厨房前，我需要从谈话和表征两个途径来帮助孩子们完善已有经验。

老师："你觉得幼儿园的厨房是怎么样的？"

姚姚："厨房有洗菜、切菜的地方。"

桐桐："厨房要有更衣室。"

彭彭："厨房有炒菜的锅。"

多多："厨房有后门。"

唐唐："厨房还有机器。"

诚诚："厨房里还有厨师。"

老师：厨房里除了厨师，还有其他人吗？

……（没人回答）

老师："你们想看厨房的什么？"

康康："我想看厨师。"

小林子："我想看刀。"

航航、姚姚："我想看厨师切菜。"

小徐、峰峰、诚诚："我想看厨师炒菜。"

小智、彭彭："我想看厨师煮饭。"

思思："我想看厨师切肉。"

芷娴："我想看切猪肉的机器。"

…………

小朋友们还把自己对幼儿园厨房的认识用图画的方式进行了表达和分享。

图 3.46

教师的思考与分析

幼儿对于厨房的场地比较了解；但对厨房里的人及其分工不了解；幼儿对厨具和厨师的工作感兴趣。（人、事、物）

活动二：参观幼儿园的厨房

我带着孩子们来到幼儿园一楼的厨房。虽然有了参观前的谈话，但小朋友们仍然产生了一些疑问。

疑问 1：为什么要来这里？

彭彭："我们为什么要来这里？"

飞飞发现了餐饮服务食品安全等级公示，指着它向老师介绍："这是最棒的意思，最棒的地方才有笑脸。"

图 3.47

图 3.48

疑问2：厨房里的人呢？

走进教职工餐厅，峰峰好奇地四处张望："这里怎么没有人？"多多看见墙上挂着的厨房监控屏幕，指着说："厨师在那里。我看到厨师在切肉。"

图3.49

图3.50

疑问3：怎么样才能进厨房？

幼儿指着一扇门说："我们可以从这里进去，厨师就在里面。"

老师："就这样推门进去吗？你们想怎么做？"

豪豪："我们推门进去吧。"

小朋友们你看着我，我看着你。

康康："我们敲敲门吧。"

老师："谁来敲敲门？敲门后该怎么问？"

幼儿：（无人回答）。

老师再次鼓励他们："没关系，谁来勇敢地敲敲门？如果有人，就跟他打招呼，说你好。"

小智举着半高的手，小声地说："我来敲门。"说完后来到门前，用手背轻轻地敲了敲门，其他孩子则静悄悄地等待着门后的反应，连续敲儿次，可是里面还是没有反应。小智还尝试用力推了推门，可是也推不动。

孩子们议论起来，有的说："里面有人啊，为什么不给我们开门？"有的说："是敲门声太小了，里面的人没听到。"有的说："这门上锁了，不让人进去，你们看，上面写着字呢，就是不让进去的意思。"

孩子们都期待地看着老师。

图 3.51   图 3.52

疑问 4：为什么我们不能进去？

康康拉着老师的手说："我们再敲敲门试试吧。"门开了，听到轰轰的抽油烟机声、哗哗的水流声中有人说话："谁啊？"

康康立即躲到老师的后面不敢说话，阿姨见没人回答，就探出头来。

在老师的鼓励下，姚姚小朋友走上前问："阿姨，我们能进去看看吗？"阿姨说："不可以的。"小朋友们问："我们就看一看，为什么不让我们进去啊？"阿姨说："厨房有许多危险的物品，需要专业的人来操作，只有厨房里面的工作人员才可以进来。"

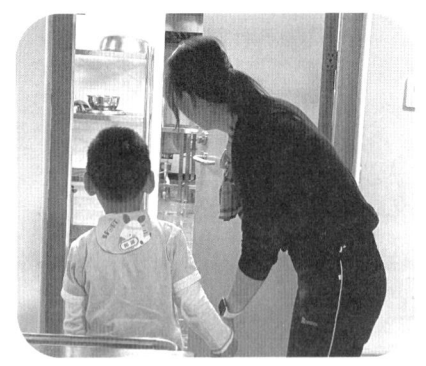

图 3.53   图 3.54

疑问 5：阿姨，你是厨师吗？

正当孩子们为不能进入厨房参观而失望的时候，厨房里的一位阿姨走了出来，孩子们立刻和她交谈了起来。

豪豪："阿姨，你是厨师吗？"

厨工："我不是厨师。"

妍妍："你不是厨师为什么在厨房里？"

厨工："我是厨工，就是帮厨师工作的，要帮忙打扫卫生、洗碗筷和盘子。"

飞飞："厨房里有好多厨师和厨工吗？"

厨工："是啊，我们一共有6个人，每个人做不同的工作。"

这时，一个小朋友指着厨房的监控视频说："有1个人在切肉，有1个人在洗菜，还有1个人在洗锅。"

图 3.55

回到班里，我和孩子们一起回顾参观的经历，了解他们的感受，我也同样请小朋友们把自己看到的、想到的东西都画下来，然后和小朋友们分享自己的绘画内容。

老师："参观幼儿园厨房时你发现了什么？"

唐唐、诚诚："厨房里有厨师，还有厨工。"

菲菲："我知道厨房里有6个人，3个厨师，3个厨工。"

桐桐："厨师要洗菜、切菜，还要炒菜、分餐，好忙的。"

姚姚："厨房是不可以进去的，只有在里面工作的厨师、清洁工才能进去，小朋友不可以，老师也不可以。"

老师："为什么不在厨房工作的人不可以进厨房？"

宣宣："因为厨房有尖尖的刀，小朋友不能碰的，还有好热的饭菜。"

洛慈："因为不卫生，会把脏东西带进厨房，小朋友吃了会生病。"

…………

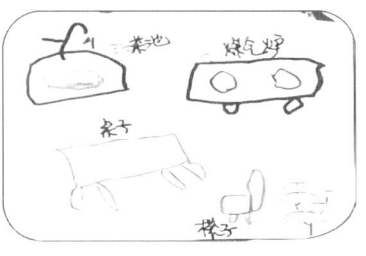

菲菲、航航："厨房里有3位厨师，有冰箱、洗菜池、洗水果池、锅、铲子、勺子，还有桌子和椅子。"

图 3.56

飞飞、唐唐："厨房里的厨师一会儿要洗菜，一会儿要洗肉，还要切鱼，他们经常忙不过来。幼儿园厨房有很多个房间，煮饭、烤肉、洗手在不同的房间。"

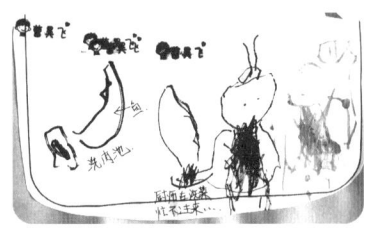

图 3.57

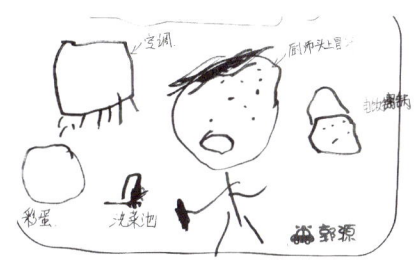

图 3.58

康康："厨师在煮饭时满头都是汗，不知道幼儿园的厨房有没有空调。"

图 3.59

多多："幼儿园厨房很大很大，有两个门，一个在前面，一个在后面，厨房里有大大的锅。"

教师的思考与分析

部分幼儿对实地参观感到失望。有小朋友问："为什么来这里？"我分析是因为厨房和小朋友平时玩的"厨房游戏"有点不一样，他们看不到厨房里的景象，而且也不能真正进入厨房。

确实帮助幼儿完善了经验。他们发现在墙上的闭路电视里可以看到厨房里的景象，对厨房里抽油烟机的轰鸣声感到好奇，也发现了餐饮服务食品安全等级公示。

在实地参观中体现出小朋友的社会交往能力不足。例如他们不敢去敲厨房的门，不敢向厨工阿姨打招呼、问问题等。

活动三：体验厨师的工作

第一步：再次了解幼儿已有经验，确定活动内容

我在区域中投放了小厨房的材料，很快，自主游戏时小朋友就开始"洗、切、炒"，一通操作动作娴熟。我问正在游戏的小朋友："厨房的工作很忙吗？"孩子认真地回答："很忙的，要洗菜、切菜、炒菜……"

老师："我们可以帮厨房的叔叔阿姨做些什么？"

思妍："我想帮叔叔炒菜。"

果果："不行的，厨房太危险了，小朋友们不能进去。"

峰峰："我可以帮叔叔送饭菜到班里。"

诚诚："我们可以帮叔叔洗好了菜再送给他。"

小林："我们可以帮叔叔切菜呀。"

小慈："我们把碗里的饭菜吃干净点，阿姨洗碗的时候就不用这么辛苦了。"

小徐："我们去问问叔叔阿姨，可以帮他们做些什么吧。"

…………

小朋友们听了各种说法，最后觉得小徐的主意不错，决定还是要直接问问厨房的工作人员。

户外活动经过厨房门口，正好碰上了厨师叔叔，小朋友们七嘴八舌地问："厨师叔叔，我们可以帮助你做什么？"厨师热情地回答道："那就剥蒜皮、削胡萝卜和洗莲藕吧。"

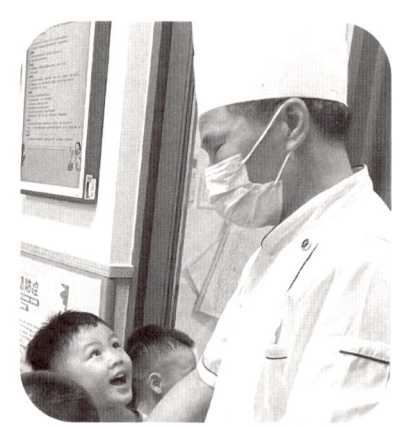

图 3.60

第二步：分析课程资源，为活动开展做准备

有哪些资源可以支持孩子们开展帮厨活动，体验厨师的工作呢？我向家长和幼儿园里的工作人员发出了邀请。

首先，我在家长群里预告了接下来的活动内容和目标，请家长协助，教会幼儿基本工具的使用方法。

我又向幼儿园的后勤主任、厨师和电教老师发出课程实践邀请。后勤主任为小朋友们提供了厨房的平面图、劳动工具和萝卜、蒜头等食材；厨师拍摄了工作照片，并和我一起敲定了小朋友们后续的活动安排；电教老师则申请进入厨房拍摄厨房场景和工作视频。

教师的思考与分析

　　从幼儿的已有经验出发设计接下来的活动，能够更好地帮助孩子实现同化和顺应，形成新的图式。

　　活动过程中应该充分开发和利用各种人、事、物的资源，以支持活动的丰富性和多样性，满足幼儿的学习需要，同时要注意让各种资源形成教育合力，推动活动和学习的持续开展。

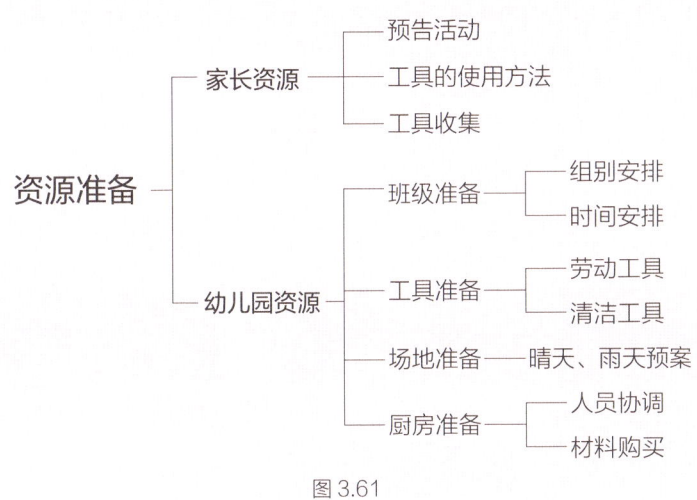

图 3.61

　　第三步：观察幼儿活动，给予及时支持

　　孩子们来到厨房后院，整整齐齐地坐好，厨房刘师傅提出几袋胡萝卜、大蒜和带着泥土的莲藕，他给小朋友分别介绍了这几种食材的名称、营养价值以及清洗方法。

图 3.62

接下来，孩子们开始体验了。有的小朋友用削皮刀给胡萝卜、莲藕削皮，有的小朋友给蒜头剥皮。

蒜头会辣手

小慈："老师，我的指甲缝这里好疼。"

宣宣、菲菲："我的指甲也疼……"

我走过去问："是受伤了吗？"

小慈："不是受伤，我剥了两个蒜头手指甲就疼了。"

这时宣宣把手靠近鼻子闻了闻，皱着眉头说："我的手指有蒜头的味道，臭臭的。"

我告诉剥蒜头的小朋友，蒜头的汁液有刺激性，还有浓烈的味道，不要用剥了蒜头的手揉眼睛。

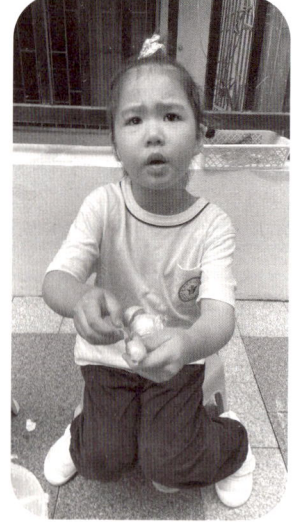

图 3.63

胡萝卜会掉色

菲菲削完了一个胡萝卜，发现自己的手掌变红了，她问旁边的多多："多多，我的手怎么变红了？"多多说："你拍一拍。"菲菲使劲拍手，可是红色依旧在。多多喊我："老师，你快来，菲菲的手变红了。"

我看了看菲菲和其他小朋友的手，说："这是胡萝卜汁液的颜色。"菲菲问："能洗掉吗？"我让她去试试。不一会儿，菲菲回来伸出双手给我看，笑眯眯地说："看，洗干净了！"

昭睿一直没有掌握削皮刀的使用方法，他都急了。后勤主任在旁边看见后就蹲到昭睿身后，手把手带着他削了几下，再让他自己试试。来回几次，昭睿就学会了。

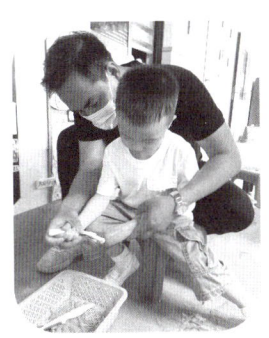

图 3.64

莲藕上有泥

诚诚一直没有拿定主意，先在剥蒜皮这边看了看，又去和削胡萝卜皮的小朋友聊了一会儿，然后走到我跟前问："老师，我要做什么？"我指了指旁边装食材的几个袋子："你自己选择吧。"

诚诚拿起一节长长的带泥的莲藕，旁边的彭彭提醒道："小心，上面有脏脏的东西。"诚诚翻过莲藕看了看，还用手指擦了一下，说："这是泥，我去洗一洗。"很快，莲藕被洗得干干净净。

图 3.65

经过努力，孩子们完成了帮厨的任务，他们端起干干净净的食材交给了厨师叔叔，当然，厨师叔叔也毫不吝啬地把孩子们好好地夸了一遍。每个孩子脸上的笑容充分表达了他们内心满满的成就感！

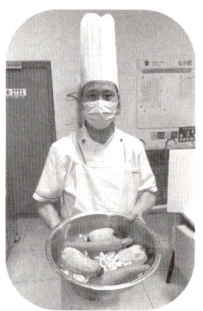

图 3.66

为了让孩子们更好地表达自己的感受，我请爸爸妈妈们参与进来。先和孩子聊一聊，把幼儿园的厨房和家里的厨房做一个对比调查，再让孩子把调查的情况画下来。最后，爸爸妈妈再帮助孩子用文字记录画中表达的意思。

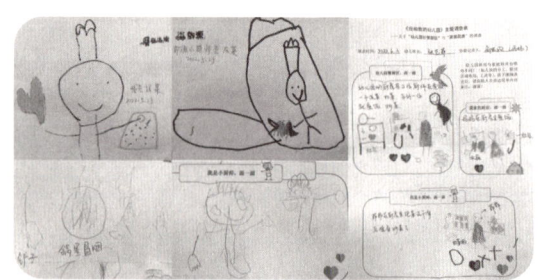

图 3.67

教师的思考与分析

此次活动的预设、准备、资源等都较为充足，让活动的开展非常顺利，老师在活动中也有更宽裕的时间观察幼儿的言行，思考下一步的支持。

幼儿的学习过程充满了操作、交往、体验、感受，幼儿表现为积极、投入、活跃、愉快，活动中有交流、有尝试（剥蒜头、削胡萝卜和洗莲藕），遇到困难时努力解决问题。

老师作为旁观者、支持者，经常能和孩子们一起感受每一次成功带来的自豪感和满足感。

从小班开始培养"从小爱劳动"是可行的。

活动四：让自助餐更受欢迎

又到了每月一次的自助餐时间，有了前期探索厨房的经验后，孩子们这次的话题聚焦到"要告诉厨房叔叔，最喜欢的'肉丸'总是很快就没有了"。

在谈话时，小朋友们说："我们希望厨师叔叔下次自助餐可以多准备一些肉丸。"

老师："为什么是肉丸呢？"

幼儿："因为我们最喜欢肉丸。"

老师："你们只喜欢吃肉丸吗？"

思妍："我也喜欢吃鸡翅，我能吃3个。"（伸出3个手指头）

老师："其他班的小朋友也最喜欢肉丸和鸡翅吗？"

小朋友们你看看我，我看看你："不知道。"

轩轩："中班和大班的哥哥姐姐喜欢吃薯条。"

老师："你怎么知道他们喜欢吃薯条？"

小林："小孩都喜欢吃薯条啦。"

老师："那大家可以做一个调查，看其他班的小朋友们最喜欢吃的菜式是什么，然后再去跟厨师叔叔说。"

贝贝："我们去问问他们吧。"

小娟："就像上次一样，我们拿着纸去问。"

老师："见到了中班哥哥姐姐，我们可以怎么问？"

姚姚："把贴纸给哥哥姐姐，然后请他们投票。"

康康："我们可以问，哥哥、姐姐，你喜欢吃什么？"

芯芯："可以说，哥哥、姐姐好，请帮我投票。"

…………

通过讨论，小朋友们最后整理出统一的问话句式："哥哥好（姐姐好），请问你喜欢自助餐里的哪一道菜？请你投个票吧，谢谢！"接着，大家就出发了。来到中二班、大一班实地调查。

图 3.68

中二班的小朋友对于调查自助餐最喜欢的菜式非常感兴趣，他们不仅积极配合在问卷上贴贴纸，还在调查后和小班的小朋友一起统计结果：小班小朋友点数，中班小朋友记录数字。

图 3.69

回到班里，小朋友们用在中班学会的统计方式点数并记录了自己班、中班和大班的调查表，不会写的数字就盖数字印章。

图 3.70

统计结果出来啦，原来小班和中班的小朋友最喜欢吃比萨，而大班的小朋友最喜欢吃薯条。老师把孩子们调查的数据做成了柱状图，贴在调查表的旁边。

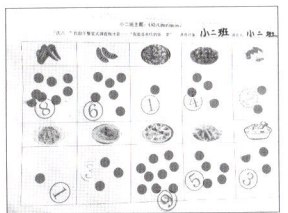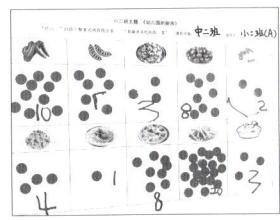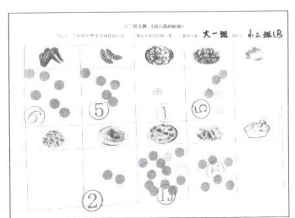

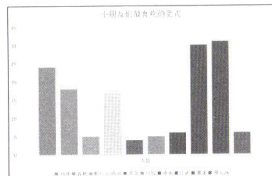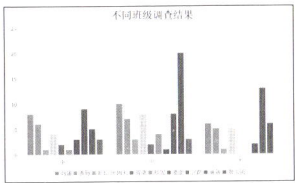

图 3.71

教师的思考与分析

幼儿之间的交流是促进学习的有效途径。例如比较腼腆的小智在观察伙伴的行为后，才慢慢开始和哥哥姐姐互动，然后又在一个哥哥的帮助下，最终完成了调查。

老师一定要用动态的眼光去观察幼儿。在我印象中，平时比较内向和安静、较少和同伴交流的小瑜、波波、贝贝、安安等幼儿，到大班和中班后很快就展开了调查行动，还能大方地和哥哥姐姐交流。

幼儿可以理解点数的统计方法和柱状图。部分幼儿可以将柱状图中最长的、最短的柱子和记录表中相应的数字对应起来，这说明孩子能理解调查表、记录的数据和统计图之间的关系。因此，在接下来的活动中，我会尝试使用饼图、折线图等形式来表示数据的变化，丰富他们的认识。

活动五：感谢厨师叔叔

基于近期参观厨房、体验厨师工作的经验，小朋友们决定要向厨房的工作人员表示感谢。

老师："我们可以怎么感谢他们呢？"

桐桐："画一个'爱心'。"

芯芯："我们画一幅画送给他们。"

小林："送给他们一顶高高的厨师帽子。"

唐唐、姚姚："给他们放假，送他们去度假。"

安安、多多："做一朵花送给叔叔、阿姨。"

凯凯："给他们送贴纸。"

…………

于是，小朋友们开始画画。

芯芯："我和新的好朋友思妍一起吃自助餐，我们吃了青菜、番茄，还有肉丸子。"

图3.72

多多："我喜欢吃自助餐，厨师为我们准备了许多好吃的食物，有鸡腿、有肉丸、有青菜，厨师好辛苦啊！在吃自助餐的时候老师布置了很漂亮的教室，我很喜欢。"

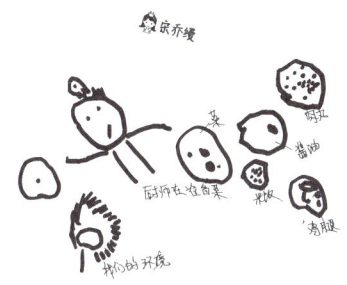

图 3.73

图 3.74

小徐："我想把米给厨师做饭，厨师每天都想给小朋友煮好吃的，很辛苦。所以我们吃自助餐的时候不能浪费，每次拿少一点，吃完了再去拿。"

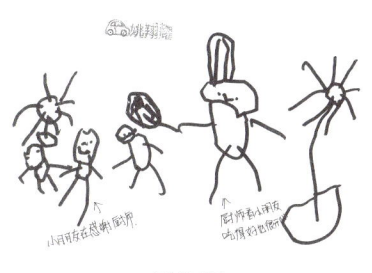

图 3.75

姚姚："厨师看小朋友吃得干干净净就很开心，厨师很辛苦，我们都要感谢他！"

于是，小朋友们开始动手制作小礼物。

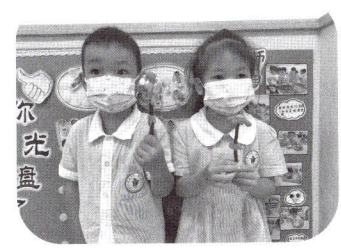

图 3.76

 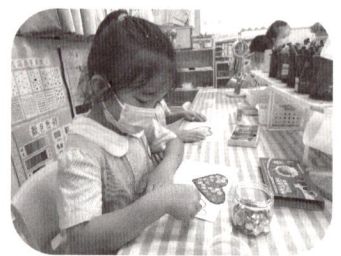

图 3.77

然后，孩子们再次来到餐厨区，这时，小朋友跟叔叔、阿姨都很熟悉了，康康作为代表把统计结果交到厨师的手上，然后小朋友们都大方地将自己制作的小礼物送给了叔叔、阿姨。

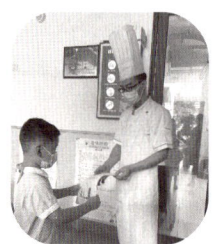 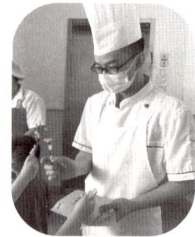 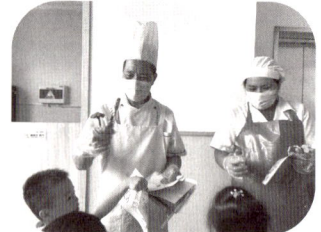

图 3.78

教师的思考与分析

再次提供了跨班级交往的机会。小朋友和大班、中班的哥哥姐姐进行了交流，他们要向哥哥姐姐说清楚自己的意图，请他们帮忙贴贴纸投票。

丰富了幼儿的数学统计经验。小朋友观察自己手上的表格，进行了点数，虽然有的数字较大，需要老师的帮助，但此活动对其数学经验的增长有益；另外，幼儿首次接触了柱状图，获得了初步经验。

让幼儿体验到完整的调查流程：调查——统计——反馈。

活动六：给我最喜欢的厨具投票

在这个主题活动开展的过程中，家长一直同步参与，因此，我设计了让孩子们了解家庭中"厨房里常备的物品""物品的存放与安全"的活动，请家长帮助孩子获得相关的经验。

老师在班级群发起活动，得到了所有家长的响应，这个活动在两天后演变为"亲子小制作——厨房里的设备"。小朋友们还把自己和爸爸妈妈一起完成的作品带到幼儿园来。

小智："微波炉上的颜色是我自己涂的，贴纸也是我自己粘贴上去的。"

菲菲："爸爸和我一起用饮料罐做了一个锅，这个锅是真的可以煮水的。"

....

图 3.79

孩子们把带回来的手工作品分享后展示在玩具柜上，这又成了大家新的话题。

　　"我觉得唐唐的燃气炉做得最像。"
　　"我喜欢小智的微波炉，上面的贴纸很漂亮。"
　　"思妍的饮料机最漂亮，颜色好看又可以用来玩游戏。"

看来，孩子们的意见不太统一，但这个阶段的孩子喜欢说"最"，为此争辩不休。我想，这是一个非常棒的学习契机。

　　老师："可以用什么方法知道哪一个才是最受欢迎的厨房设备小作品呢？"
　　小朋友们立刻说："我们可以投票！"

图3.80

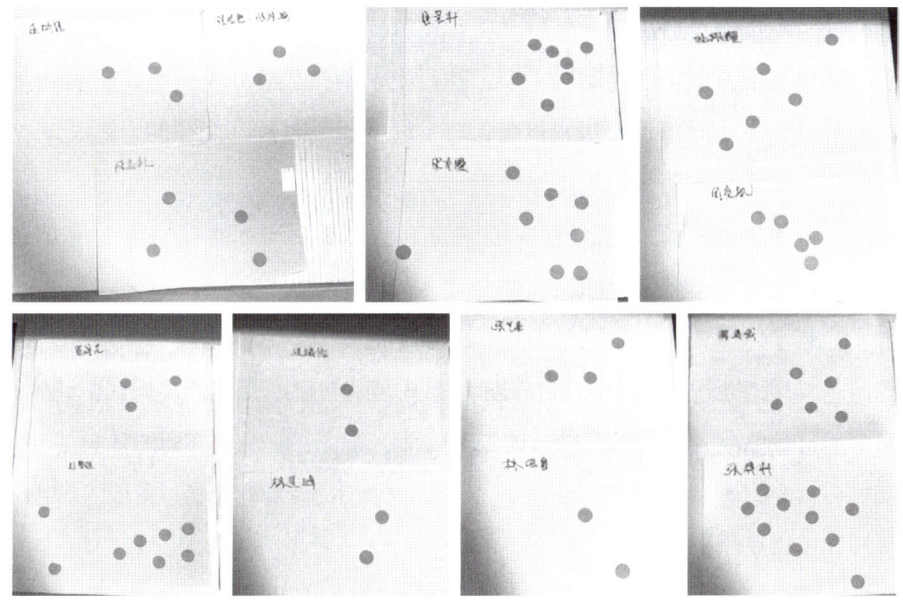

图 3.81

教师的思考与分析

　　家庭的参与让前期的主题活动得以延伸，提供了迁移已有经验的机会，是幼儿学习的有力支持，因此班级应该加强和家庭的沟通，为家庭参与教育教学提供更多的机会和助力。

　　幼儿的学习在重复中不断深入，从而积累经验、运用经验。例如他们投票的经验，就在这个主题活动的前期两次投票活动中形成，当这次选最受欢迎的厨房设备小作品时，他们就对投票非常娴熟了。但是，作为教师一定要判断幼儿已有经验的水平，所谓的"重复"不能停留在低水平。

【主题总结与反思】

一、幼儿成长

1. 语言、社会领域方面：开展了讨论、实地参观、调查、亲子操作等活动、近距离接触了厨房的人、事、物，对餐厨区域有了初步的认知；了解了餐厨区域与学习、生活之间的关系，在讨论、调查等活动中能够大胆表达自己的观点、主动寻找哥哥姐姐投票，既发展了语言、社会交往能力，又发展了解决问题的能力。

2. 健康领域方面：了解餐厨区域的卫生、安全的重要性，增强了安全意识。

3. 艺术领域方面：尝试学习用图画表征的方式记录自己的所闻所见、所思所想，用蔬菜进行拓印、手工等多种形式表达自己对幼儿园餐厨区的认知，另外通过歌曲或其他艺术形式，加深对厨师、美食、安全等方面的认知。

4. 科学、数学领域方面：通过操作、分类、统计等活动，发展了归纳、比较等逻辑思维能力。

5. 劳动意识方面：每个活动，孩子们都积极、开心地参与，对幼儿园的环境，餐厨区域，厨师、厨工等工作有所了解，体验了厨房工作的危险和不易，从而懂得珍惜和尊重别人的劳动成果。

二、教师成长

1. 在实践中不断加深对幼儿园课程的认识

通过本学期的课程实践，我对幼儿园园本课程有了更深入的认识："课程没有好坏，要看它是否适合本园、本班级，没有最好，只有更好"；无论是预设还是灵活生成的课程内容，都需要"尊重儿童、看见儿童"；"千里之行，始于足下"，只有不断尝试、去了解，才能将困惑一一解开。

2. 团体的力量是无限的

遇到疑惑要学会请教，每一次主题教研或是和同年级老师们谈论过后，都会让我突然间有眼前一亮的感觉，常带着"为什么要这样做"的问题多思考、多沟通，将会让你柳暗花明。

3. 资料收集

做个有心人，平时除了多看、多学、多反思外，多记录、多进行资源的收集和更新也是很重要的。

4.挖掘可用资源

要挖掘幼儿园的人、事、物的教育价值来支持课程的开展。幼儿园的人有着不同的职业背景，可以帮助幼儿拓展经验，为幼儿创造交往的机会。在此要感谢厨房的厨师和厨工们，特别是刘东良师傅；感谢大一、大二、大三、中二班的老师和孩子们，在他们的支持下我们的活动变得更丰富、有意义；还要感谢小班的老师们，他们在主题讨论中都给予我许多思路。

三、活动的不足及改进

环境支持：探究内容的整理和墙饰的展示形式、方法还有待进一步优化。

沟通：在主题活动开展过程中班级老师们相互间需要紧密沟通和交流，班级3位老师均需要参与预设、开展、小结、环创等环节，并及时反馈活动的开展情况，总结经验，为下一次活动制订计划做准备。

四、一些畅谈

1.在家园共育方面，可以组织班级开展"美食汇"等活动。

2.在娃娃家、生活区等投放相关的材料供孩子们进行实操，如做沙拉、剥花生、刨马铃薯等。

3.邀请家长和孩子一起排练关于厨房的儿童剧。

4.邀请厨师（或家长）到班里做点心等。

课程故事3：

沙子掉落了

实施年龄段：中班

讲述者：邓家丽、刘敏

实施时间：2022 年 5 月

【主题由来】

发现了——沙子引起的苦恼

如果要问小朋友们最喜欢的区域，我猜他们会不约而同地说是沙区。因为每次选区，这里都不会落空。

可是，每次区域小结时沙区的孩子都姗姗来迟，他们说："好多沙子掉在地上。"我也观察到，因为沙区设在走廊上，一方面是风大，将沙子吹到地上，另一方面是走廊的地面比较粗糙，打扫起来比较困难。

【教师视角的思考】

关注幼儿，及时地捕捉幼儿"发展需要"的时机。沙子掉落这个问题怎么解决？我打算把问题交给孩子们。一是因为我看到孩子对沙区的喜爱和清扫沙子的苦恼；二是本学期中班年级计划从"能干的我"这个角度开展主题活动。我认为，沙子掉落的问题如果可以和劳动教育结合起来，一方面可以解决班级的实际问题，另一方面也培养了孩子们的劳动能力，激发他们对自我"能干"的自信，也许，这样的学习对孩子而言会更有意义。

【知识网络图】

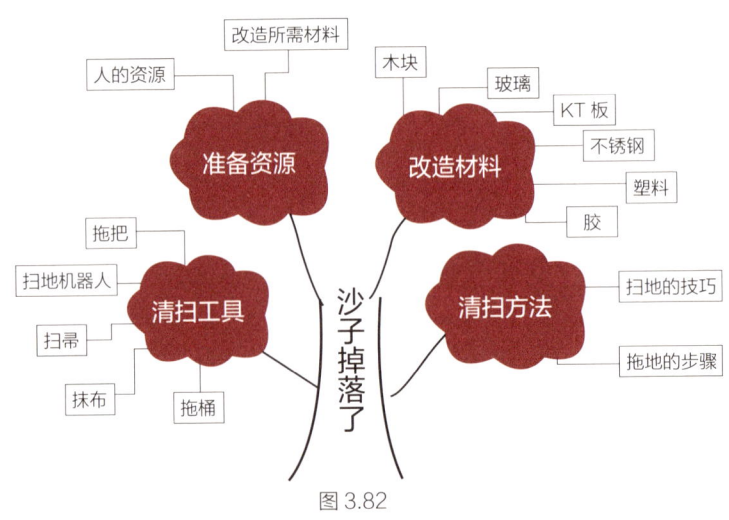

图3.82

【学习网络图】

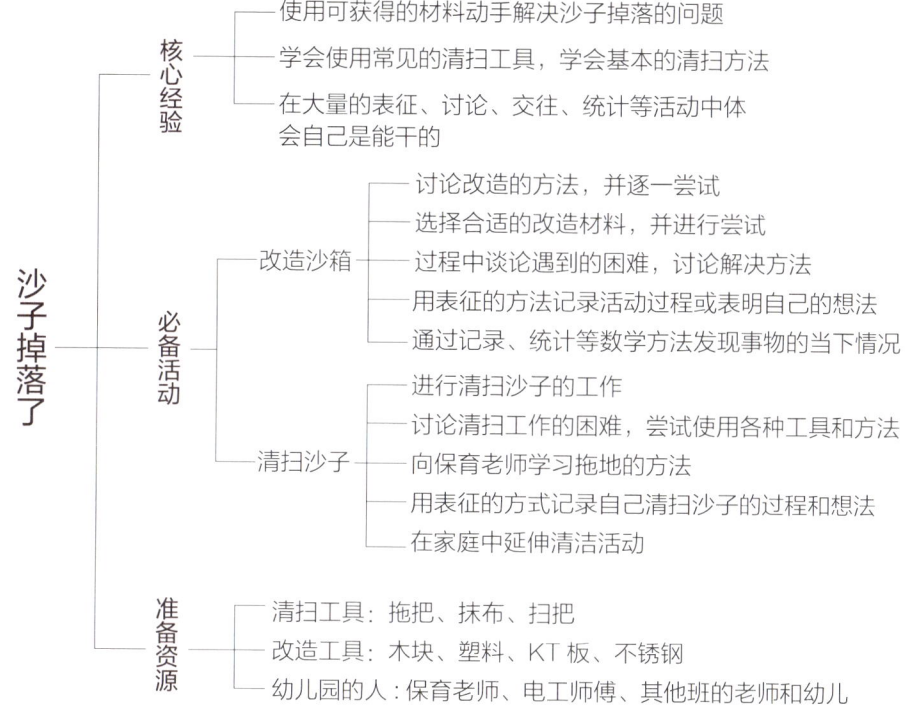

图3.83

【学习活动安排表】

表3.3

序号	可开展的活动	活动类型	活动目标
1	谈话："沙区沙子掉落怎么办"	集体	激发幼儿关注身边问题的兴趣，引发主题活动
2	综合："尝试提出的方法"	小组	幼儿亲自尝试提出的方法，验证改善后的效果
3	调查："不同改造方法的体验效果"	小组	调查幼儿在改造后使用沙箱的感受
4	语言："分享我的尝试结果"	集体	幼儿阐述自己实践后的感受，对比分析方案的优势与不足

（续表）

序号	可开展的活动	活动类型	活动目标
5	综合："大家一起来投票"	集体	幼儿能根据大家的分享选择一个方案，并说出选择的理由，最后通过投票确定最终方案
6	综合："我们来改造"	小组	幼儿能根据所选的方案进行改造
7	谈话："改造后的体验感受"	集体	分享改造后使用沙箱玩耍的感受
8	综合："调查了解各班玩沙情况"	小组	了解各班沙区玩沙的情况，收集好方法
9	社会："介绍我们沙区的情况"	小组	分享学习成果
10	综合："怎样清扫沙子"	小组	讨论清扫沙子的方法和工具等
11	综合："体验不同工具清扫的效果"	集体	分享自己的发现，整理发现的问题
12	综合："学习使用拖把清洁沙子"	集体	学习使用拖把的步骤和注意事项
13	讨论："教室里出现什么情况需要使用拖把"	集体	总结日常在教室需要使用拖把的情况

【活动记录】

讨论了——改造沙箱的办法

【幼儿视角的讨论】

孩子们在区域小结时看了老师拍摄的照片"掉落在地面的沙子"后，纷纷提出了自己的办法：

乐乐："可以用扫地机器人。"（清扫工具）

翌峻："用吸尘器把沙子吸走。"（清扫工具）

晗粤："不要把铲子举得高高的。"（沙区注意事项）

昊鸣："在沙子旁边装很多块板就好了。"（设备）

乐雯："将板围在沙箱旁边，我们在中间玩就好了。"（设备）

梓霖："做一个玻璃罩。"（设备）

思洲："可以用建构区那个长长的积木围起来。"（设备和材料）

凝乐："玩沙子的时候在沙桌下面放可以接沙子的东西。"（方法）

【教师视角】

引发幼儿兴趣，激发幼儿群体的主动性。我将沙子掉落的场景拍摄下来，利用图片材料引发幼儿的讨论。

提炼总结幼儿的经验，确定引导方向。孩子们的讨论基本围绕"清扫工具"和"改进设备"两个方面。或许可以从这两个方面着手。凝乐提到的方法较为简单，我建议大家先试试这个方法，孩子们都同意了。

行动了——尝试改造沙箱

1. 用盖子接住掉落的沙子

第二天，沙区的孩子按照前一天的约定开始尝试。思洲积极地在班级里收集了收纳箱的盖子，放在沙箱周围的地面上。这样做能够解决问题吗？我提醒思洲在活动后去采访沙区的小朋友，了解他们对这个方法的感受。

【幼儿视角的尝试】

凝乐："都没有地方放椅子了，要一直站着玩。"

雨晨："我的脚不知道放在哪里。"

图 3.84

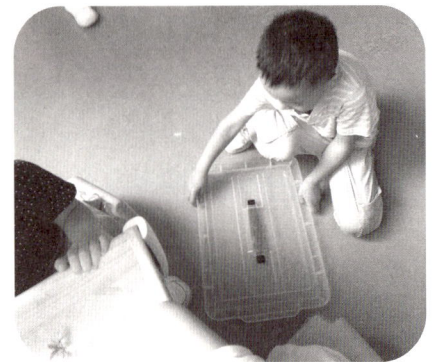

图 3.85

于是，大家决定换个方法再试试，这一次我们决定用昊鸣之前提出的"装很多木板"的方法。

2. 用积木加高沙箱的边缘

点点小朋友积极承担了这次方法的实践，她从建构区里拿取了一些长条木板，怎么将木板粘上去呢？她尝试使用了白乳胶、固体胶、纳米胶三种粘贴材料，发现纳米胶可以让木板粘在上面。

当点点的成果出来后，她邀请了小朋友一起来参观。她解释说："有一面没有加木板，是因为小朋友要坐着玩。这三面加了木板，小朋友可以站着玩。"其他小朋友对点点的这个设计非常赞许。

图 3.86

3. 沙箱上新加了透明盖子

在尝试两种办法后，出现了意外的小插曲，幼儿园为每个班级统一配置了透明的沙桌盖子，后勤的叔叔在盖盖子的时候，把我们贴上去的木板拆了下来。

透明的盖子在一个角上开了一个扇形洞口，小朋友们都在猜这个开口有什么用。

图 3.87

深深："可以从这里把里面的沙子拿出来。"

洋洋："可是我拿不到里面的玩具，玩具太大了。而且这个开口会卡到我的手。"

【教师视角】

支持幼儿，提供方法，促进个别发展。在观察到个别孩子的探索需求后，我尊重他们的愿望，创造有效发展的空间，让他们充分动手动脑"改造"沙箱，让孩子有创造表达和表现的机会，并及时支持帮助实现其想法。

在实践中培养幼儿的动手解决及分析判断能力。从前面的活动中可以看到孩子们有自己的想法，愿意动手尝试，而且还能够把自己的感受、体会用语言表达出来。我想知道他们对前期几种针对"沙子总是掉落"的解决方案的看法，此举可以帮助他们练习"比较"和"决策"，提升分析判断力。

投票了——选择最想要的改造方案

我请参与了前期尝试和体验的小朋友分享他们的经历和感受。大家开始为自己认为比较适合的方案进行投票，而且还要说明支持的原因。

小宇："加挡板的方法好方便。"

琼尹："我觉得盖子有开口，可以伸手进去玩，也可以把沙子放在盖子上玩。"

图3.88

按照投票结果，大家一致同意用得票数最高19票的方法改造沙箱——用积木的木块来给沙箱加高。

于是小朋友们重新用纳米胶粘上木块。深深和洋洋用粘纳米胶的方法为沙箱加上挡板后，深深一边抓起一把沙子抛撒在挡板上一边说："这样沙子真的不会掉落下了。"

加高了挡板，玩的时候沙子确实掉落得少了，孩子们非常满意自己的"创造"。

这时，又出现了新问题。因为班级的走廊风很大，保育老师仍然希望能在游戏结束后盖上透明盖，可当孩子们盖盖子时，挡板就被顶掉了。

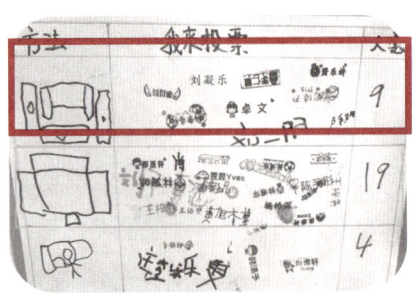
图3.89

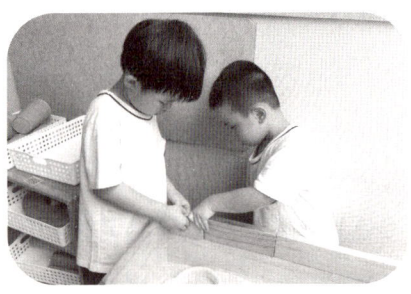
图3.90

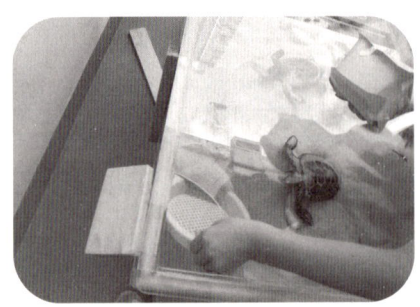
图3.91

改进了——让挡板变得更牢固

【幼儿视角的讨论】

我相信孩子们的能力，所以决定仍然由他们自己来解决。我把沙箱的图片给孩子们看，请大家说说出现的新问题是什么，为什么会出现这个问题，怎样才能让挡板更牢固。

深深："木板上有沙子，胶粘不了了，要试试别的胶。"

吴鸣："可以在木板上戳一个洞，用绳子穿过去。"

星琦："可以用热熔胶。"

雅婷："可以用螺丝钉。"

檬檬："我不会用，不过我们可以问会用的大人。"

我给他们提供了一个资源，我说："幼儿园里有一个很神奇的吴叔叔，他会修理各种各样的东西。"

檬檬："那我们去找他吧，请他来帮助我们。我可以给他画一张'信'。"

于是檬檬就画了一封"信"，"信"上说明了请吴叔叔来的原因，并留了空间让吴叔叔填写来班级的时间。

图 3.92

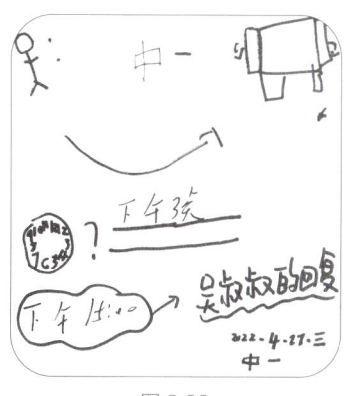

图 3.93

123

小朋友们拿着檬檬的邀请信敲开了楼梯下电工房的门，他们把信交给吴叔叔，吴叔叔非常爽快地答应了小朋友们的请求，并在邀请信上写下"下午3点"几个字，小朋友们开心极了，一个中午都在期待下午3点的到来。

　　下午，吴叔叔如约而至，先简单介绍了可以使用的方法，接着就开始叮叮当当地忙开了。小朋友们抱着强烈的好奇心和兴趣围观了整个过程。

图 3.94

图 3.95

【幼儿视角的讨论】

沙箱改造完成后，我请大家谈谈对这一次改造的看法。

　　小宇："挡板加高了，这样沙子不容易掉落下来了。"（改造效果）

　　思洲："这样我们就不用老是扫沙子了。"（改造对大家的影响）

　　乐乐："吴叔叔好厉害呀！"（对他人的赞美）

　　雅婷："吴叔叔用了钉子和铁片，这样就会很牢固，木板不会掉下来了。"（工具的用途和效果）

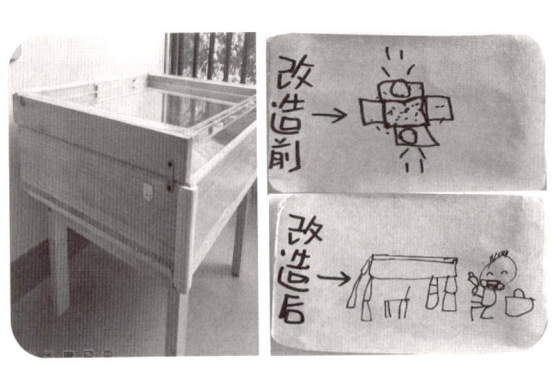

图 3.96

【教师视角】

创造激励性的社会互动。孩子们通过寻求吴叔叔的帮助，又解决了一个问题，他们开始觉得自己相当能干，对自己充满了自信。而沙箱和吴叔叔则成为他们近期讨论的热点话题。

我还观察到，每天户外活动或去散步的途中，小朋友们都会纷纷点评其他班级的沙箱，把掉落在地上沙子的数量和自己班的做对比。我看他们对本次沙箱改造的结果如此满意，于是想：也许他们会愿意调查其他班的沙箱使用情况，顺便推广本班的沙箱改造做法。

调查了——别的班会有掉沙子的苦恼吗

我问小朋友：“想要了解其他班玩沙的什么情况呢？”

小朋友们说想要知道其他班的小朋友玩沙是不是也总是有沙掉在地上，还想知道他们想不想像我们班这样改造沙箱。

我帮助小朋友画了一张记录表，方便他们记录调查结果。

然后孩子们就出发了。他们问大班的哥哥姐姐，问小班和中班的老师，了解之后，填写了调查结果。

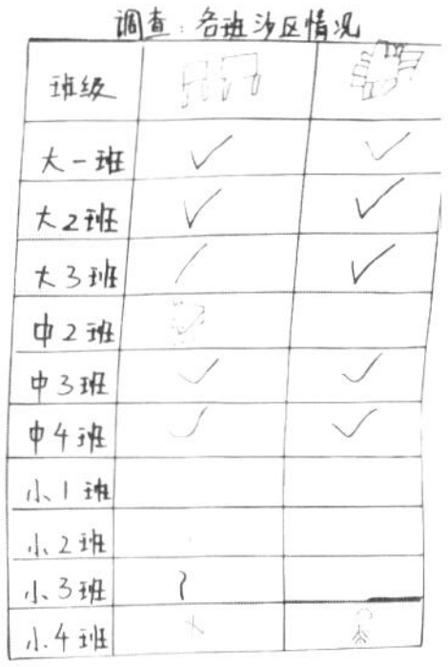
调查：各班沙区情况

班级		
大一班	✓	✓
大2班	✓	✓
大3班	✓	✓
中2班		
中3班	✓	✓
中4班	✓	✓
小1班		
小2班		
小3班		
小4班		

图 3.97

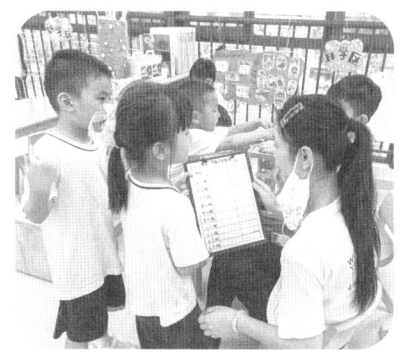

图 3.98

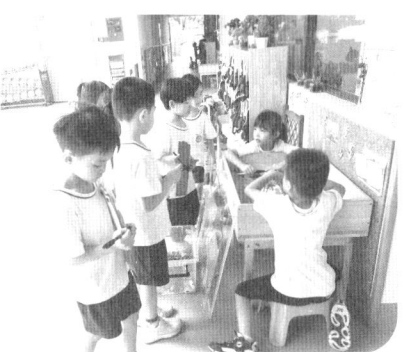

图 3.99

分享了——与其他班级分享我们的沙箱改造经验

根据调查结果，有 6 个班的老师和小朋友想知道我们的沙箱改造方法。我问小朋友："要怎样才能把我们的方法告诉他们呢？"

【幼儿视角的讨论】

凝乐："让他们自己来看吧。"

旭槿："可以写信告诉他们，就像檬檬写信给吴叔叔一样。"

阳阳："可以用一个喇叭说。"

雅婷："可以拍照告诉他们。"

芋彤："可以画海报。"

呼声最高的方案是芋彤提议的画海报的方法。于是孩子们分成两组设计他们的海报。

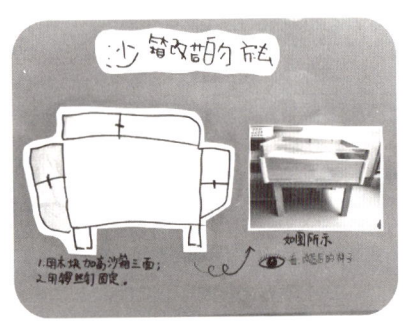

图 3.100

图 3.101

随后他们分组走进不同的班级进行宣传，讲解本班的沙箱是如何改造的，现在和原来相比有什么好处。

图 3.102

【教师视角】

分析幼儿发展水平，搭建成长支架。调查和分享两个活动都需要小朋友们和其他班级的老师、小朋友进行交流，从中我看到有一部分小朋友面对不熟悉的人会胆怯，或者不能完整地进行表达，会时不时看向本班老师。整体表现不如在自己班里表达时自如、流畅。

因此我猜也许是他们与外人进行交流的机会欠缺，导致经验不足。我决定未来要多给孩子们创造这样的机会，让他们与外人交往的能力、技能都得到更多磨炼的机会，也有助于形成自信。

拓展了——掉落的沙子怎样清扫

沙箱改造后，玩沙时掉的沙子已经大大减少，但地面上仍旧有一些沙子，所以孩子们也仍需要在区域活动结束后扫沙子。

有一天区域小结时，雅婷说："我用小扫帚太难扫了，我扫了很久都没有扫干净。"我于是抓住机会发问："还可以用哪些工具进行清扫呢？"

图 3.103

【幼儿视角的讨论】

梓霖："可以用大拖把拖，很快。"

雅婷："可以用大扫把扫。"

阳阳："可以用扫地车。"

斐斐："可以用扫地机器人。"

子懿："可以用吸尘器。"

孩子们把自己使用清洁工具的经验都画了下来，我根据他们的表达提供了各种不同的工具，让他们尝试。

轩轩："大扫把比小扫帚好扫。"

乐乐："拖把拖地真的很干净呀，不过大拖把好难清洗，很重，
我挂不到墙上。"

 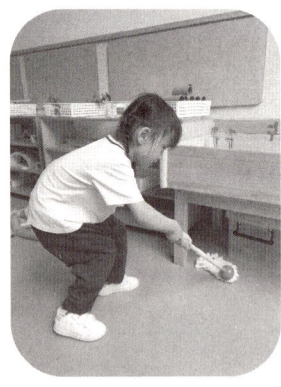 

图3.104

根据小朋友们的表达，我购买了一款适合他们身高的小巧的清扫工具，
孩子在清扫后可以自己把拖把洗干净挂好。孩子们在学会使用小拖把后，经
常用它清洁其他区域的地面。大家还一起总结了在教室里使用拖把的各种情
况。

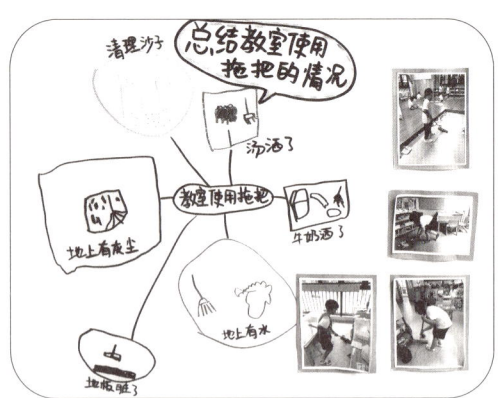

图3.105

【教师视角的思考】

促进家园共育，保持幼儿能力发展的持续。我想这种使用拖把的能力应
该可以迁移到家庭里，让持续的活动内容帮助孩子获得完整的经验，于是，

我在家长群里向家长介绍了近期的活动，很快就收到好多孩子在家中拖地的照片。劳动教育确实需要家庭和幼儿园共同配合，让孩子在生活和学习中、在幼儿园和家庭中持续得到发展。

【主题总结与反思】

一、幼儿成长

显然，幼儿有充分可用于检验自己想法的时间、空间和材料，他们在不断发现问题、解决问题的过程中不断和同伴分享经验，感受自己是有能力的，通过和班级以外不同的人进行交流发展了社会交往能力；此外，他们的劳动意识和劳动技能都得到相应提升。

二、教师成长

在这个活动中，教师根据幼儿的兴趣和发展需要进行了主题预设，在主题活动开展过程中跟随幼儿的探索需要提供相应的支持，并进行了及时反思。

教师从主题预设开始就持续观察幼儿的兴趣，思考他们的发展需要，在此基础上不断为幼儿的进一步探索提出关键性问题，并提供时间与材料的支持，巧妙地利用幼儿园人和物的资源不断推动探究的深入，为幼儿提供语言、社会、科学、艺术等领域的学习经验。同时，教师通过持续反思提升了观察和支架的能力。

课程故事 4：

开辟一块菜地

实施年龄段：中班

讲述者：陈容容、钟耿璇

实施时间：2022 年 6 月

【主题由来】

幼儿及教师的兴趣

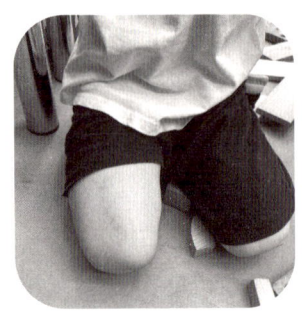

户外活动发现问题。户外活动时，老师发现天天的腿被刮伤了。他说："因为积木太重，所以把积木篮从上层架子拿下来的时候就被刮到了。"

图 3.106

中班孩子的力量不够，这个被刮伤的问题可能还会出现，怎么办呢？我在户外活动回顾的环节提出了问题："怎样才能避免下次受伤？"孩子们纷纷发表了自己的意见。

祈昕："找老师帮忙。"（求助）

老师："也许你们自己就可以找到好办法呢。"

海漾："找两个很厉害的人把篮子抬下来。"（求助）

谨言："安装一个像滑滑梯一样的东西运下来。"（工具）

知恒："可以装一个用手摇的遥控，把它摇下来。"（工具）

静雯："不要把篮子拿下来，需要积木可以从上面一块一块拿。"（自我调整）

锴熙："可以把放篮子的架子调矮一点。"（方法）

小曹："把篮子放在下面，只要用手拖就出来了。"（方法）

教师的思考与分析

一件生活中发生的小事，中班小朋友表现出他们思考解决问题的能力。他们先是打算求助于人，但当我说希望他们自己想办法解决后，他们就转向使用工具和调整方法。讨论过程中孩子们兴致勃勃，不仅把自己认为可行的方法画了出来，最终还通过投票选择了调整积木篮子摆放位置的方法。

这次活动充分说明了孩子是"有能力的学习者"，接下来或许我可以充分利用幼儿园的资源，为他们提供更多学习和实践的机会，而同时，我也能从中更好地理解和支持他们。

机会很快就来了，幼儿园想要给孩子们开辟一小块菜地……

幼儿发展的需求

在教育部发布的《义务教育劳动课程标准（2022年版）》中提到："劳动教育是中国特色社会主义教育制度的重要内容，是全面发展教育体系的重要组成部分，对全面贯彻党的教育方针、落实立德树人根本任务、培养德智体美劳全面发展的社会主义建设者和接班人具有重要的意义。"

基于此，幼儿园确定了中班年级下学期主题方向是"能干的我"，指向幼儿劳动教育。我班结合幼儿园的资源，以"开辟一块菜地"为主要线索，鼓励幼儿探索劳动工具，用双手解决问题，体验劳动。

【知识网络图】

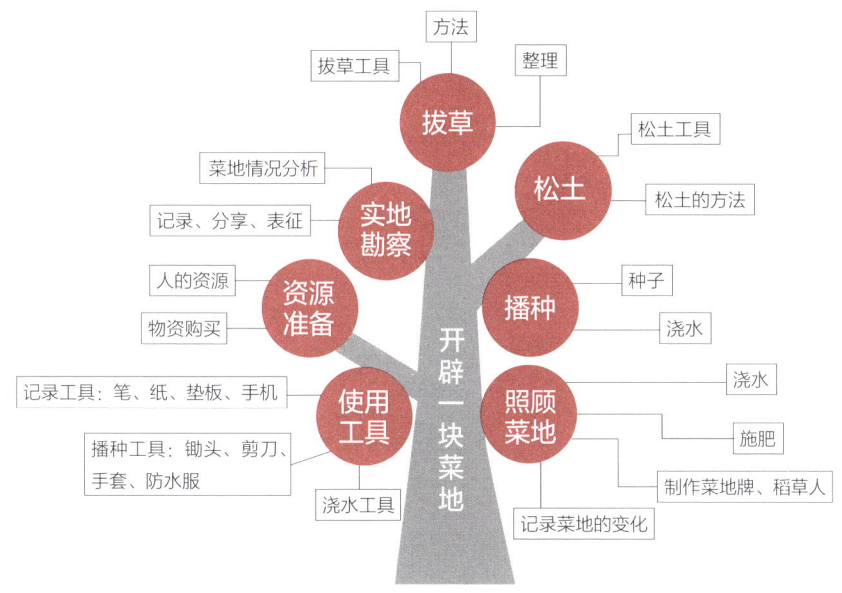

图 3.107

【学习网络图】

开辟一块菜地

核心经验
— 在活动中体验一些生活中的劳动，如拔草、锄地等；掌握一些基本的劳动技巧，如拔草的技巧、锄头的使用方法、戴手套的作用等
— 在和人的交往中体会社交技巧，感受自己是能干的；也学习别人的优点，体验赞美和感谢

必备活动

— 解决问题一：菜地里都是草，怎么办？
— 讨论如何拔草
— 表征拔草的办法
— 实施方案

— 解决问题二：草太难拔怎么办？
— 制定能尽快把草拔掉的方案
— 实施方案

— 解决问题三：种什么菜？
— 讨论想种什么菜
— 表征自己想种的菜，通过统计、投票决定种植的菜

— 解决问题四：如何播种？
— 研究如何播种，如播种前需要做什么
— 总结播种办法
— 实施播种，主动寻求帮助，如找爸爸妈妈拿种子，找幼儿园的阿姨帮忙

— 解决问题五：别人不知道我们菜地里种的是什么菜怎么办？
— 讨论如何让别人知道菜地里种的是什么菜？
— 自制菜地牌
— 把菜地牌安插在菜地里

重要资源
— 幼儿园里的人：园长、老师、清洁阿姨、保安叔叔、电工叔叔
— 使用工具：锄头、剪刀、手套、防水服
— 菜种子
— 浇水工具
— 画板、纸、笔
— 稻草、木头、绳子、破旧衣服

图 3.108

【学习活动安排表】

表3.4

序号	可开展的活动	活动类型	活动目标
1	谈话："天天的腿为什么会受伤"	集体	激发幼儿发现问题的兴趣，引发主题活动
2	综合："我们的办法"	小组	幼儿把自己的想法通过绘画的形式呈现
3	小组："我们的行动"	集体	幼儿表述在玩具摆放后自己的使用感受
4	综合："实地勘察"	小组	幼儿针对现实的情况找出相应的办法
5	绘画："我看到了……"	小组	幼儿能根据所看到的情况进行记录
6	谈话："用什么工具拔草"	集体	幼儿表达自己的办法以及使用的工具
7	讨论："我的发现"	集体	分享拔草的过程以及发现的问题
8	社会："我们遇到的困难"	小组	根据讨论结果实施，邀请他人帮忙
8	讨论："草都拔完了，种什么菜"	集体	幼儿根据自己的意愿画出想种的菜
9	综合："一起来投票"	集体	明白投票的意义，以及知道每个人只能投一次票
10	综合："我们来统计"	集体	通过统计得出最后的结果
11	语言：绘本《汤姆学种菜》	集体	通过绘本了解每种菜的生长过程
12	综合："播种啦"	小组	幼儿亲身参与播种，了解播种的流程
13	讨论："种子如果被小鸟吃掉怎么办"	集体	幼儿讨论出相应办法并实施
14	艺术："我给菜地做名牌"	小组	幼儿根据自己的意愿，分组进行绘画制作菜地牌

【活动记录】

幼儿园地方不大，能用于绿化的地方全部都种上了绿植，但为了给孩子们提供更多的劳动和实践机会，老师们提出可以开辟一块菜地的想法。

我把这个消息告诉小朋友，询问他们："想要体验一下种菜吗？"全班小朋友非常热情地回复我："要！""愿意！"于是，我们一起展开"开辟一块菜地"的旅程。

问题一：菜地在哪里？

孩子们首先感兴趣的问题就是"菜地在哪里"。

我出示了一处绿化带的图片，说："认真观察这张图片，然后你们就出发在幼儿园里找一找，这张图片对应的位置到底在哪里。找到地方后，要了解这块菜地现在的情况。"

图 3.109

小朋友们对着图片认认真真地看了一会儿，就带着书写板出发进行实地勘察了。

勘察小分队回班后告诉大家，菜地在滑梯草地的边上、音乐厅的窗子下面。他们对照图片讲述菜地的情况：这块菜地上面已经种了很多植物，很密很密，没有地方可以种菜了。

图 3.110

图 3.111

小朋友们的想法非常统一："把那些植物拔掉就有位置了。"于是，新的问题产生了。

问题二：拔草？

怎么拔草？

小朋友们欢欣鼓舞，立刻就要行动。我问："你们知道怎么才能把这么多的植物拔出来吗？"

> 知恒："可以用割草机来割掉。"（方法一）
>
> 景宝："用刀来割。"（方法二）
>
> 雯雯："我觉得可以用剪刀来剪。"（方法三）
>
> 天旭："用耙子耙掉。"（方法四）
>
> 可馨："用手拔，可以戴上4号场地搭积木的手套。"（方法五）
>
> …………

小朋友们一股脑儿地提出许多解决方法，我把他们的想法记录下来，和他们一起讨论。

针对方法一，我利用网络搜索了割草机的图片，请大家观察并且发表意见。

> 知恒："割草机看上去很重，我不知道我能不能推得动它。"
>
> 峰峰："我的力气很大，我可以跟你一起推。不过我们要先把它搬到菜地上面。"
>
> 老师："幼儿园没有割草机，但如果你们需要，我可以去借。但是，用割草机割完了草，草还会长起来吗？"
>
> 雯雯："会长起来。因为春风吹又生。"

我顺便讲解了"斩草除根"这个成语，告诉大家草的生命力很强，如果没有把小草的根一起除掉，过一阵子它又会长起来。

当小朋友们理解了要"除根"后，方法二、三就同时被排除了。

针对方法四，我又搜索了"耙子"的图片。

　　　　知恒非常谨慎："这个耙子就是猪八戒拿的，很尖、很锋利，我不想用。"

　　　　博圳的胆子大："老师，我不怕，我要用耙子。"

意见不统一，举手表决显示一半小朋友不愿意用耙子。于是我说："这样吧，我去问问管理工具的叔叔，看幼儿园里有没有耙子，如果有就请叔叔带过来给大家示范怎么用。"小朋友们同意了。

针对方法五，我问："用手拔的方法可以把根除掉吗？"小朋友们结合已有的经验认为可以。我问提出这个方法的可馨："为什么要用搭积木的手套呢？"可馨回答："因为戴了手套手就不会痛。"

我征求大家的意见："用手拔草这个方法，现在就立刻可以尝试，大家愿意现在就试试吗？"小朋友们一致同意。于是我们派出 10 位小朋友作为拔草第一小分队开始行动。

图 3.112

教师的思考与分析

幼儿所有的想法我们是否都要支持呢？这是很多老师会纠结的问题，如果不支持，显得老师不尊重幼儿；如果都支持，很可能费时费力而且不能有好的成果，反而影响了学习积极性。

所以，我的做法是有选择地支持。例如上面讨论怎么拔草的问题，确实没有必要让孩子们将想出来的方法一一实践，我其实希望孩子们体验用手拔草，这是劳动教育的一个好途径，能让大家体会劳动的辛苦。但不能直接否决孩子们的提议，就用"无法除根"这个问题引导孩子们筛掉前面三种方法。耙子危险，不适合在狭小的地方用，而且也不适合孩子们使用，于是我采用了"拖延"的策略，将其放在第二位考虑。

第一小分队的拔草行动

关键词一：快乐

没想到这种植物的根扎得很深，而且相互缠绕，要将其拔起来相当困难。第一小分队成员刚开始兴致勃勃，自发组队，边拔边唱《拔萝卜》，嘻嘻哈哈的开心极了。

他们发现随着泥土翻动爬出来的蚯蚓、蜗牛、小青蛙，就呼朋引伴过来一起看，滔滔不绝地相互说起来，猜测小青蛙是幼儿园小溪里的蝌蚪变成的，兴奋得完全忘记了自己是来拔草的。

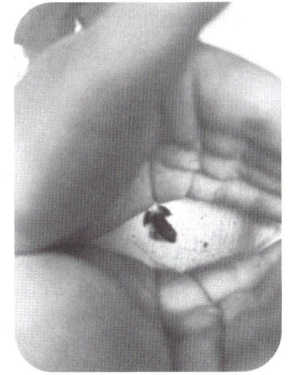

图 3.113

有的小朋友则忙着收集在泥土中发现的小石头，把它们当成宝贝握在手里，只空出一只手扒拉着草。

关键词二：牢骚

15分钟过去了，我请大家休息一会儿，让他们看看自己的劳动成果，几十根草稀稀拉拉地被丢在菜地旁边，而菜地上郁郁葱葱的草似乎仍然维持着原貌。小朋友忍不住地发起了牢骚。

"这太难拔了。"

"我一拔就断，根还在下面。"

"这也太多了，我们什么时候才能拔完呀？"

图3.114

关键词三：方法

我走过去顺手拔起一根，连根带土完完整整。我问："为什么老师就能拔起来呢？"他们说因为老师是大人，所以力气大。

我故作神秘地说："我不仅力气大，而且我有方法哦。请你们看看老师的手是抓在草的哪个位置。"

孩子们好奇的眼睛紧紧地盯着我的手，很快他们就发现了关键，原来，手要紧紧抓住植物的下面。几个小男孩赶紧尝试新方法，真的连根拔起来了，他们很开心。

第二小分队的拔草策略

关键词一：策略

根据第一小分队的经验分享，第二分队小朋友表示想要找人来帮忙。

　　老师："你们打算请谁来帮忙呢？"
　　熙熙、谨源："可以请园长、老师、小朋友、保安叔叔和清洁阿姨来帮忙。"
　　老师："怎么邀请别人来帮忙？"

孩子们纷纷讨论，有的说用嘴巴讲，有的说写信，还有的说我们不会写字，但是可以画画。画画的方法得到了一致赞同，于是他们开始画邀请函。

图 3.115

完成邀请函制作后，小朋友们当天就出发邀请了林副园长、孙主任、保安叔叔，以及中二班的小朋友。他们约定在第二天的户外活动时行动。

图 3.116

139

图 3.117

关键词二：失望

第二天，当拔草第二小分队整装来到菜地边，他们呆住了：所有的植物都已经被拔掉了。这是谁拔的？

我们一起打听，最后得知是保安叔叔帮忙拔的。保安叔叔误解了拔草邀请函的意思，而且也没有听清楚拔草的时间，于是他就趁着休息时间帮助小朋友完成了拔草任务。

这一队小朋友有点失望。米多说："那我们就没有草可以拔了。"

默默无语地回到班里，其他小朋友围上来七嘴八舌地问："你们拔了多少草？累不累？"第二小分队成员愤愤不平："我们都没有拔。没有草了。"

图 3.118

我组织大家坐下来，问："第一小分队的小朋友告诉我们，拔草很辛苦。保安叔叔情愿自己辛苦，帮助我们拔掉了所有的植物，我们是不是应该感谢他？"大部分小朋友的注意力被我转移了，但米多仍然很坚持："我想自己拔草。"

我笑眯眯地说："哎呀，确实有点失望，我也想拔草。不过，拔完草之后也不能立即在菜地上种菜，你们知道还需要做什么吗？"

教师的思考与分析

1.关于成功和失败，积极和消极

其实，不论成功的经验还是失败的经验，对幼儿而言都是有意义的。即便是因劳累而发牢骚、因失望而抱怨也都是情感表达的方式，是成长中必需的体验。或许有时候我们因为担心影响接下来学习的投入和热情，于是下意识地帮助幼儿避免消极的情绪情感，但我认为，我们应该更加珍视这样的机会，并且利用好时机引导幼儿从不同的角度看待和思考问题，同时也提升自我因势利导的能力。

2.关于引导

观察和引导是教师素质中不可分割的两种能力。当小朋友拔草有困难时，我引导小朋友观察我的方法；当小朋友因为无草可拔而对保安叔叔心生埋怨时，我一边引导他们要感恩一边把话题转到下一个活动。在教育的当下，老师应该基于对幼儿的观察以及自己的教学智慧来判断引导是否得当。

问题三：松土

静雯说："要把泥土翻一翻才能把种子种下去。"

那么，松土要用什么工具呢？小朋友们说用玩沙的铲子、锄头，说得正热闹，巡班的林副园长经过，她告诉大家幼儿园有真正的锄头，而且两位清洁阿姨是种菜的能手。

小朋友们高兴坏了，他们在户外活动时碰到阿姨就跟她们说了请求。两位阿姨对小朋友非常热情，爽快地答应了小朋友的请求。她们不仅在约定好的时间帮忙把地翻了一遍，还把整块地分出了6小块。

图 3.119

我突然想起，之前我们还在讨论拔

草时，可馨举手说："我爸爸喜欢钓鱼。"我没有反应过来钓鱼和拔草有什么关系，就重复了一遍她的话。于是她接下去说："钓鱼要用鱼饵，有时候是面团，有时候是蚯蚓。"我似乎有点明白了，就问："哪里有那么多蚯蚓呢？"可馨笑眯眯地回答："爸爸养了很多蚯蚓。"

所以我在班级里说，人可以把土翻松，动物里的蚯蚓更是松土小能手。我请可馨回去问问爸爸，是否可以带一些蚯蚓来班里。第二天早上，可馨就捧了一盒蚯蚓来幼儿园，并且和小朋友们一起把蚯蚓放到我们的菜地里。

图 3.120　　　　　　　　　　　图 3.121

教师的思考与分析

最近，小朋友们对我们的菜地都非常"上心"，他们关心菜地筹备的进展，日常聊天儿的话题里会提到，户外活动时会要求绕过去看看，晨练时也会跑过去驻足一会儿。我认为这是一种"责任感"的表现。

反思时，我对和可馨的对话感到有点"险"。因为可馨刚开始的发言是"爸爸喜欢钓鱼"，和当下我们讨论的话题完全没有关系，如果当时我急切于得到"拔草"的方法，那么有可能错过小女孩的言下之意，错过孩子们可以得到的另一种学习资源——蚯蚓。所以，这让我对孩子们语言发展的现有水平有更直接的体会，也提醒我要更虚心地对待"教和学"中的教师和幼儿。

问题四：种菜

种什么菜？

接下来要播种了，种什么菜呢？我让孩子们把自己心仪的菜画下来，哇，玉米、胡萝卜、南瓜、辣椒、西蓝花、青菜、番茄……足足有11种之多。但显

图 3.122

然，我们的菜地种不下那么多，阿姨松好土后曾经告诉小朋友，最好是种三种。

我把所有的菜名都写在黑板上，让孩子们投票。

玉米以12票位居榜首，可是平票的菜类有蕹菜（空心菜）、豌豆、南瓜、马铃薯。这可怎么办？班级的三位老师也去投票，还是没有产生最高票数的三种菜。

孩子们想到了请幼儿园里的人来帮忙投票，林副园长、康老师、孙主任都来了，小朋友们对于外来人参加班级的活动特别感兴趣，抢着要跟她们介绍投票的缘由。

最后，玉米、豌豆和蕹菜成功胜出。

图 3.123

图 3.124

种子哪里来？

接下来要播种了，可是，种子还没有着落呢。

玺宝:"我家有玉米种子,我可以带来。"

筱柔:"如果我们没有,可以在网上买。"

宝怡:"也可以问阿姨有没有种子。"

林峰:"我可以让我爸爸妈妈买。"

…………

我归纳了孩子们的意见,玺宝从家里带玉米种子来,其他小朋友回去问问爸爸妈妈家里有没有豌豆和蔬菜的种子,同时我们也去阿姨那里看看有没有,如果都没有,我们就通过网络购买。

自从告诉大家我已经在淘宝下单了种子,每天都有孩子跑来问:"老师,种子到了没有? 物流说什么时候才到? "大约四天后,种子到了,孩子们要求我立刻去跟阿姨约播种的时间。

教师的思考与分析

随着活动的推进,我越发感受到幼儿的学习迁移能力和创造性,例如我们经常进行投票,但从前并没有出现过平票的情况,小朋友能立刻想到邀请班级以外的人来帮忙投票的方法让我感到意外,而事实证明这是一个好方法。

我想,也许是在前期我们的活动中有请外人来帮忙拔草、松土等,为他们提供了可借鉴的案例和经验。

图 3.125

后来，我们还讨论了"告诉别人菜地种的是什么"这个话题。孩子们一致认为做一个牌子插在菜地里，写上菜的名字就可以了。于是他们自行分组制作了菜地的说明牌。在这个过程中还出现了制作工具使用不当出现粘贴不牢的情况，在反复几次尝试后，说明牌被陆续安插在菜地里。

图 3.126

【主题总结与反思】

主题活动充分体现了教师的"教"和幼儿的"学"相互交融，它应该成为支持教师与幼儿共成长的一种"教与学"的方式。

一、幼儿成长

横向上，在主题开展的过程中，教师根据幼儿的兴趣安排了五大领域相互渗透的活动，包括语言之"谈话、古诗《草》、科学之"松土小能手——蚯蚓"、数学之"投票、统计"、社会之"如何邀请他人"、美术之"制作邀请函、制作菜地牌"等。纵向上，幼儿在学习过程中进行了项目的深入探究……

在整个学习过程中，孩子们与幼儿园里的人和物都产生了更多的联系，形成更强的归属感。例如从前两位清洁阿姨跟孩子们的交集几乎为零，但通过这次开辟菜地，他们之间有了交集，现在，孩子们每次遇到阿姨，都会热情地打招呼，说说菜地的变化。

二、教师成长

教师将自己定位为幼儿学习的支持者，一是在每个环节都以关键问题进行支架，引导幼儿思考，同时基于观察和对教学现场、教学目标的把握，分析幼儿的回应，做出下一步的引导判断。

二是为幼儿提供资源支持，在活动推进中，幼儿遇到的问题并不总是能够自行解决，教师就为其挖掘了更多人的资源，如园领导、其他教师、后勤人员、家长等。

三是为幼儿打开更多互动的场域，如幼儿要跟同组小朋友进行沟通，还有许多面向其他班幼儿、不同部门工作人员的机会，老师在其中就起到协调、示范指导的作用。

主题活动应该打破班级的界限，教师在计划、实施和反思的过程中应该意识到，幼儿园中的人、事、物，家庭、社区的资源，都可以成为幼儿的学习资源。

我们的菜地建设仍在进行中，期待孩子们在新学期里的新发现。

课程故事 5：

我要上小学

实施年龄段：大班

讲述者：林秋容、龙立平、张明瑶

实施时间：2022 年 5 月

【主题由来】

大班幼儿对于即将来临的小学生活与学习充满了未知与好奇，有些通过身边的哥哥姐姐、爸爸妈妈了解了一些小学的信息，对于小学生活一知半解，就更想知道更多关于小学的事情了，比如自己将要去哪个小学读书，小学的上学时间是怎样的，小学里的老师跟幼儿园一样吗，小学学习什么，小学是怎么上课的，在哪里吃饭，书包要放在哪里……

为了帮助幼儿更清晰地了解小学生活，并做好身心、生活、社会、学习四个方面的准备，提升幼儿对小学生活与学习的期望和向往之情，我们开始了一系列有关小学的课程探究活动。

【知识网络图】

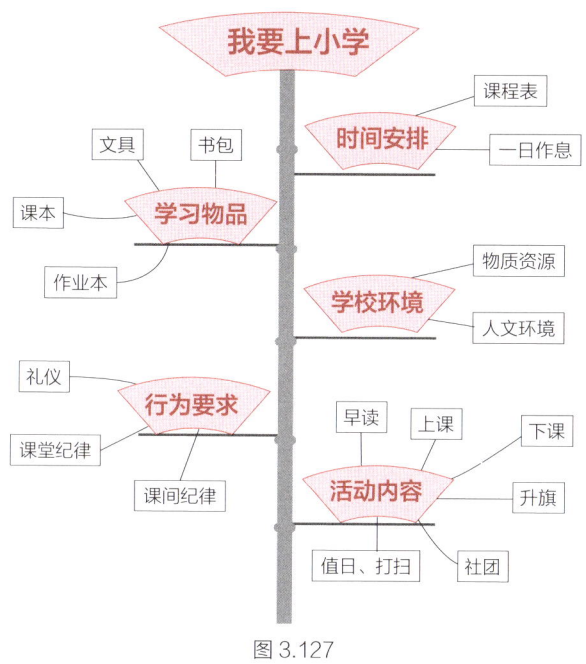

图 3.127

【学习网络图】

```
                    核心经验 —— 了解小学的一日活动与作息时间

                              ┌── 讨论"关于小学,我想知道……"
                              ├── 结合调查表录制采访小学生的视频,初步了解小学
           幼        必备活动 ├── 比较幼儿园与小学的一日活动不同之处
           儿                 ├── 讨论"上小学"的物品准备、注意事项
           园                 └── 分享"关于小学,我的发现……"
           与
           小                 ┌── 幼儿园一日活动安排
           学        重要资源 ├── 小学课程表
           的                 ├── 采访调查表
           不                 └── 小学的介绍视频
           同

                              ┌── 知道成为小学生需要做的准备
                    核心经验 └── 知道自己长大了即将成为一名小学生,向往小学生
    我                            生活
    要
    上        我                  ┌── 讨论"我想成为怎样的小学生"
    小        要                  ├── 探究"书包里的朋友"
    学        成        必备活动 ├── 设计"我的书包"
              为                  ├── 比一比"我会整理书包"
              小                  └── 佩戴"红领巾(生活区)"
              学
              生        重要资源 ┌── 书包以及文具等物品实物
                                └── 生活区材料:红领巾

                    核心经验 —— 知道自己、好朋友即将就读的小学

           我                 ┌── 调查统计"我要上的小学"
           的        必备活动 ├── 搭建与绘画"我们的小学(建构区、美工区)"
           小                 └── 调查统计"课间十分钟,我可以做的事情"
           学
                    重要资源 ┌── "我要上的小学"调查表、统计图
                             └── 小学照片
```

图 3.128

【学习活动安排表】

表3.5

序号	可开展的活动	活动类型	活动目标
1	谈话：关于小学我想知道……	集体	幼儿用已有经验表达对小学的理解
2	数学：统计上小学的意愿	小组	幼儿能够表达自己对于上小学的意愿并说出原因
3	讨论：采访小学生的内容有……	集体	设计采访的内容
4	社会：录制采访小学视频	小组	能够主动地与小学生互动
5	社会：观看小学视频	集体	了解小学的学习与生活
6	谈话：幼儿园 vs 小学	小组	感知幼儿园与小学的异同
7	讨论：课间十分钟我能做的事情	集体	讨论、理解课间十分钟的含义和意义
8	美术：小学的样子	小组	感知小学的建筑特点和风格
9	谈话：我想成为怎样的小学生	集体	幼儿用自己的方式表达对小学的期望
10	社会：亲子制订"小学生计划"	亲子	通过家园活动整理出小学生计划并在班里分享
11	美术：成为小学生需要做的准备	区域	用图文并茂的方式加深对小学生的理解
12	社会：班干部竞选活动	小组	用亲身体验的方式体会班干部的有关工作内容
13	实践：我会整理书包	亲子	通过家园活动的方式引导孩子进一步坚持
14	社会：按时到园的约定	集体	幼儿坚持打卡养成按时入园的好习惯
15	绘画：制作从家到学校的路线图	小组	幼儿用自己的绘画表达对路线图的了解

【活动过程】

活动一："讨论上小学这件事"

老师："上小学是什么意思？"

佳航："上小学可以学到更多知识，认识更多的字，可以变得更能干！"

晨彬："上小学就要考试，试卷上的题目很难。"

梓萱："我不想上小学，上小学就要离开幼儿园的老师们了。"

佳彤："可以交到更多的朋友。"

睿熙："可以买我喜欢的玩具。"

同熹："小学要写很多的作业。"

镇文："可以上好玩的体育课。"

煜皓："当了小学生可以变得更聪明。"

俊嘉："可以当班长。"

芸熙："上小学犯了错误会受到惩罚，我也不想上小学。"

教师的思考与分析

从他们的描述中可以看到，幼儿通过家庭、社会等渠道已经对小学有过一些了解，并能将自己的所听所闻所感表达出来。大家对"上小学"有不同的感受，他们积极参与讨论、表达自己的想法，虽然不见得都是向往，但对"上小学"这个话题是感兴趣的。

老师："咦，有的人想上小学，有的人不想上小学，有什么办法能够让我们清楚地知道谁想上小学、谁不想上小学呢？"

同熹："老师，我知道。我们可以制作一个图表来统计谁想上小学、谁不想上小学。"

为了说明这个"表"是什么样的，同熹小朋友在黑板上画了一个圆圆的图，原来是一个饼状图。

老师（惊讶）："同熹，你是怎么想到用饼状图表示的？"

同熹："开家长会的时候我跟妈妈一起，看到老师也制作了一个图，那个图可以知道有多少小朋友会拍球，有多少不会拍球。"

怎么把这个饼状图制作出来？我和孩子一起讨论，找来了纸张、纸箱、KT板等材料，最后决定采用KT板，因为它的表面比较光滑而且是立体的，比起其他两种材料更容易绘制和切割。

正熙："我们可以用美工区的圆形纸张照着画一个圆盘。"

老师："这可真是个好办法。"

图 3.129

怎么分割能准确表现数据？

庞楷："咱班有 32 个小朋友，就分成 32 份吧！跟科学区的那份分蛋糕材料一样的分法。"

图 3.130

"是否想要上小学"的统计图大功告成，孩子们迫不及待地在饼状图上"是"与"否"的区域中贴上自己的名字。

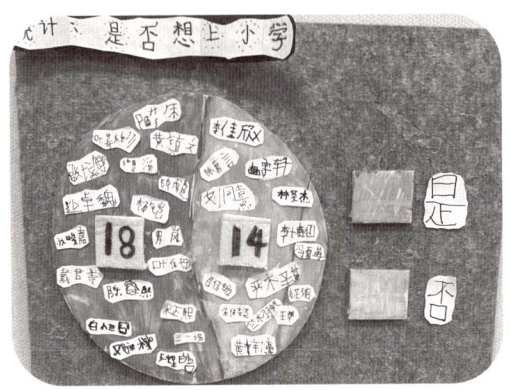

图 3.131

是否想上小学的统计不仅能够了解小朋友们上小学的意愿，也向大家介绍了用饼状图进行统计的数学方法。

投票进行时，发生了一个小插曲。杨铠小朋友跟我说："林老师，小学到底是什么样子的呢？哥哥跟我说小学里的作业和考试很难很难，做错了事情还会受到惩罚，而妈妈却说小学有很多好玩的活动，还能学到更多不得了的本领！"

杨铠因为他人口中关于小学的不同描述而感到困惑，同时，据我了解，我们班小朋友在上小学的期待值上低于其他两个大班。我想，对小朋友而言，他们应该形成自己眼中、心中的小学形象。

活动二："幼儿园 vs 小学"

怎样才能了解小学真实的样子呢？

我园与桂园小学是幼小衔接结对单位，结合实际情况，我们计划采取线上沟通的方式来了解小学。

孩子们录制了自己的幼儿园生活视频，向小学提出了他们想了解的问题。

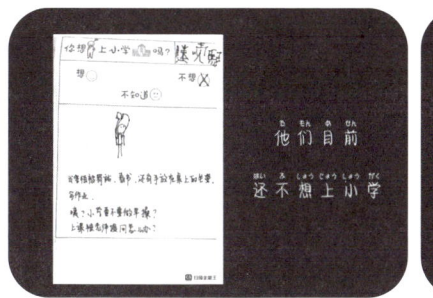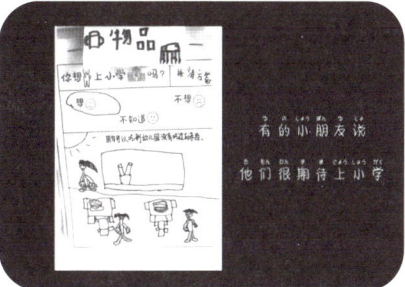

图 3.132

视频由园方转交后，孩子们一直期盼着小学的回复……

叮！收到一份来自桂园小学的邮件，关于小学的谜题终于要揭开了！

小学到底是什么样子的呢？幼儿园和小学又有什么不同呢？一起观看小学的视频吧。视频中，小学生介绍了桂园小学室外（教学楼、操场等）、室内（课桌、黑板、小学生上课场景）

图 3.133

的环境以及丰富多彩的活动（升旗仪式、运动会、艺术节等）。

看完小学视频后，小朋友们纷纷惊讶地张大了嘴巴，迫不及待地分享着自己的感受。他们把对视频的观察以及在幼儿园的生活经验结合起来，你一句我一句地诉说着自己的发现并分组绘制了小学和幼儿园的不同之处。

图 3.134

卓迩："厕所不一样，我们幼儿园的厕所没有独立的门，小学的厕所有独立的门。"

153

图 3.135

睿熙:"楼层的高度不一样,幼儿园的楼只有4层,小学的楼有6层高。"

图 3.136

慕言:"桌椅的摆放不一样,幼儿园的桌椅是不整齐摆放的,小学的桌椅是整整齐齐摆成几排的。"

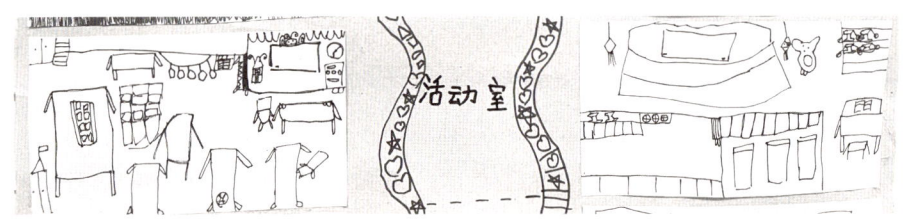

图 3.137

庞楷:"活动室不一样,幼儿园的活动室一般都是在教室里面,而小学有专门的各个活动室。"

图 3.138

佳彤:"操场不一样,幼儿园的操场都是草地,小学的操场有塑胶跑道。"

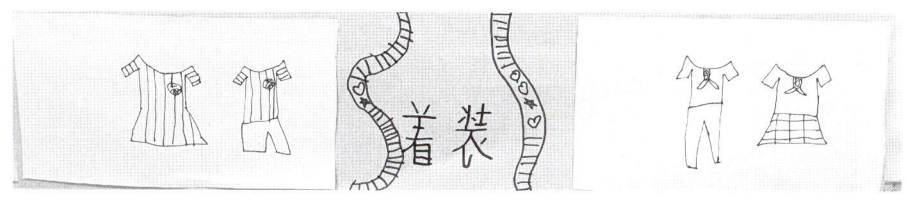

图 3.139

一诺:"穿得不一样,小学生要戴红领巾。"

通过小学与幼儿园的对比,小朋友们对小学的认识更深刻了,在探索过程中逐渐增强了对小学的向往。我们再一次调查了小朋友们上小学的意愿,"现在的你是否想上小学?"大部分孩子投出了"是"……

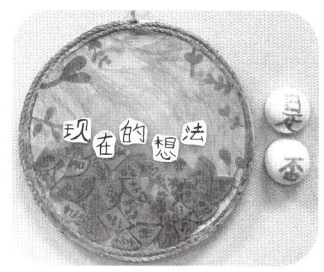

图 3.140

教师的思考与分析

观察、发现不同是幼儿探究能力的重要体现,教师的提问应具有开放性,请幼儿通过观察、分析、比较、辨别,充分表达。孩子们从运动场地、学习内容和生活着装方面将幼儿园和小学进行了比较,细致地捕捉到两者的不同之处。

活动三:"我想成为怎样的小学生?"

图画"幼儿园与小学的不同"的呈现让孩子对于小学有了更直观的感知。紧接着,我们开始了问题的讨论:"我想成为怎样的小学生?"

铠铠:"等我上了小学,我想成为一名羽毛球高手。"
芸熙:"我想跟视频里的姐姐一样,成为一名会弹钢琴的小学生。"
宇轩:"我想成为一名少先队员。"

雨萱："我会学会整理书包，戴红领巾。"

君美："我要认真学习。"

夏苒："我会按时到校上舞蹈课。"

芸熙："我会有礼貌地与同伴、老师们打招呼。"

佳欣："我要做一个跟同学们好好相处的小学生。"

…………

教师的思考与分析

通过与幼儿讨论，发现幼儿对于准备成为一个小学生有着自己的理解，但经验比较单一，大部分幼儿的理解指向了学习和运动这两个方面。

于是，我结合幼儿在幼儿园学习生活的已有经验，进一步引导他们体会生活、社会这两个方面的入学准备。如在生活方面，要学会自主整理书包、系红领巾以及独立完成进餐；社交方面则是与同学友好相处，理解各个场合的礼仪要求等。

在感知的基础上，幼儿用图画的方式进行记录整理，形成自己关于如何成为一名小学生的整体经验。

接下来的一段时间，小朋友们就以"我想成为一名怎样的小学生"为主题，在美工区进行了自由表征。我把孩子们的作品收集起来进行分类，发现可以归纳为会整理、会运动、会学习、会社交四类，至此，孩子们对于成为小学生的认识进一步具体化，形成了较整体的经验。

图 3.141

图 3.142

活动四：我们在行动

既然成为一名优秀的小学生有这么多需要学习的内容，那么就让我们一起行动起来吧！

家园合作

在家里，小朋友们自主整理书包，整理要带到幼儿园的衣物等。

采访家中的小学生，和他们交流关于小学的事情，填写采访表并带到幼儿园分享。

图 3.143

教师支持

小朋友们建议，班里可以做一个按时到园的打卡表，让大家每天坚持准时到园。

通过讨论之后，大家决定采纳这个建议，于是一起制作了打卡板。每天孩子们用自己喜欢的方式在表格上做记录。

图 3.144

紧接着，又有小朋友建议：我们要开始学习系红领巾和系鞋带。很快，材料就投放进区域，每天都有小朋友在练习系红领巾和系鞋带。

图 3.145

教师的思考与分析

环境是幼儿的"第三位老师"，通过材料的提供，一方面能激发幼儿的兴趣，另一方面也可以为幼儿在实际生活中提供示范和参考。

除此以外，班级基于一日生活更加关注孩子们在阅读、学习、运动、社交等方面良好习惯的培养。

我们的行动是希望在帮助幼儿做好入学准备的过程中进行正面强化，激发他们的内在动力，帮助幼儿在养成良好习惯的过程中关注积极学习品质的形成，从而更好地过渡到小学生活。

【 主题总结与反思 】

本次主题探究活动虽然起源于教师预设，但过程中的活动皆由教师和幼儿共同生成，既关注了引导性，也关注了幼儿的已有经验和兴趣，尤其是通过最大程度地支持幼儿的想法，努力将幼儿的学和教师的教融合起来，彼此都收获良多。

一、幼儿成长

孩子们能够大胆表达自己的观点，这种共同讨论、对话的过程对幼儿来说就是一种成长。

孩子们通过画图的方式记录，形成了有关自己成为小学生需做的准备的经验。

坚持按时到园、积极参与各项活动中，知行合一地做好上小学的身心准备、生活准备、社会准备和学习准备。

二、教师成长

在活动中，教师能够提出开放性问题，通过关键性的问题去敏锐地捕捉幼儿的回答，将幼儿的兴趣聚焦到"如何成为一名优秀的小学生"，积极推动孩子对这些问题表达已知与探索未知。

充分利用园方资源，与桂园小学相互分享幼儿园和小学的环境（物质、精神），让幼儿获得了有关小学的初步经验。

充分利用家长资源，积累家园共育经验。如督促幼儿整理书包，帮助幼儿去完成小学生采访调查表，这些能够让孩子感受到成人对他们所思所做的关注和重视，而这些将进一步激发幼儿持续地坚持。

课程故事6:

蔚蓝星球

实施年龄段：大班

讲述者：温泉、马佩燕

实施时间：2023 年 5 月

【主题由来】

基于幼儿兴趣的考虑。水是生命之源，是生活的帮手，在幼儿的生活中无处不在。正值深圳雨季，雨水频繁，幼儿常常讨论："下雨是不是太阳公公流鼻涕啦？""雨是从哪里来的？""雨水能喝吗？"大家对探索水有很浓厚的兴趣。

基于课程资源的考虑。深圳在清明、端午前后都是雨水充沛的时段；我们班级的门口有一个露天小平台，每到雨天，这里就成了孩子们围在一起抬头观雨的好去处；而我班有家长从事与水运相关的工作，这也可以作为本次探究活动的资源。

基于发展需要的考虑。孩子们已经积累了相当的主题探究经验。孩子们在上小班、中班时探索过"我和我的幼儿园""能干的我"，探索的范围都是自身与周围环境。我想：在大班应该让孩子看到更加广阔的天地，去了解自己生活的地球，体会自己与世界的连接。

根据大班幼儿年龄段的发展需要，我园园本课程中对大班幼儿探索方向的建议是"深圳——中国——世界"。为此我设想带领孩子们探索地球上的水、身边的水，从了解地球分为陆地和海洋开始，聚焦于海洋，到解锁水的奥秘，通过水上交通、水循环、水的流动感知地球是个整体。

《蔚蓝星球》的课程故事就此展开。

【知识网络图】

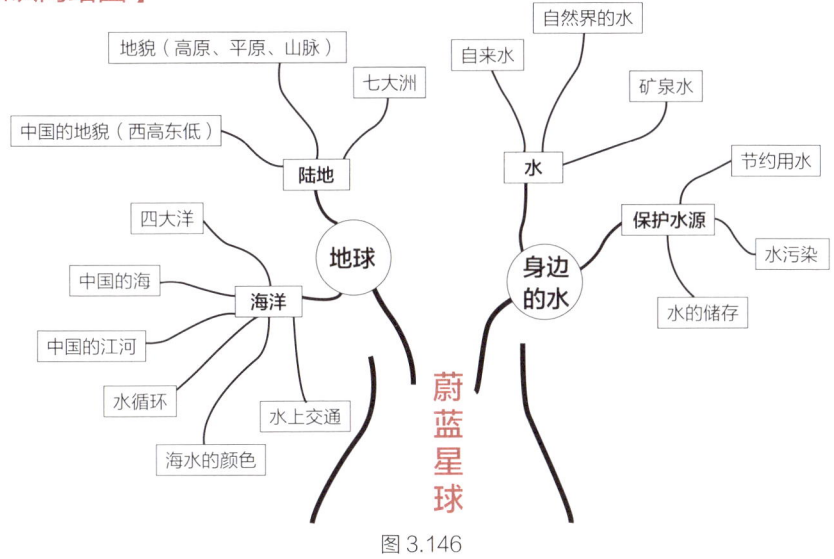

图 3.146

【学习网络图】

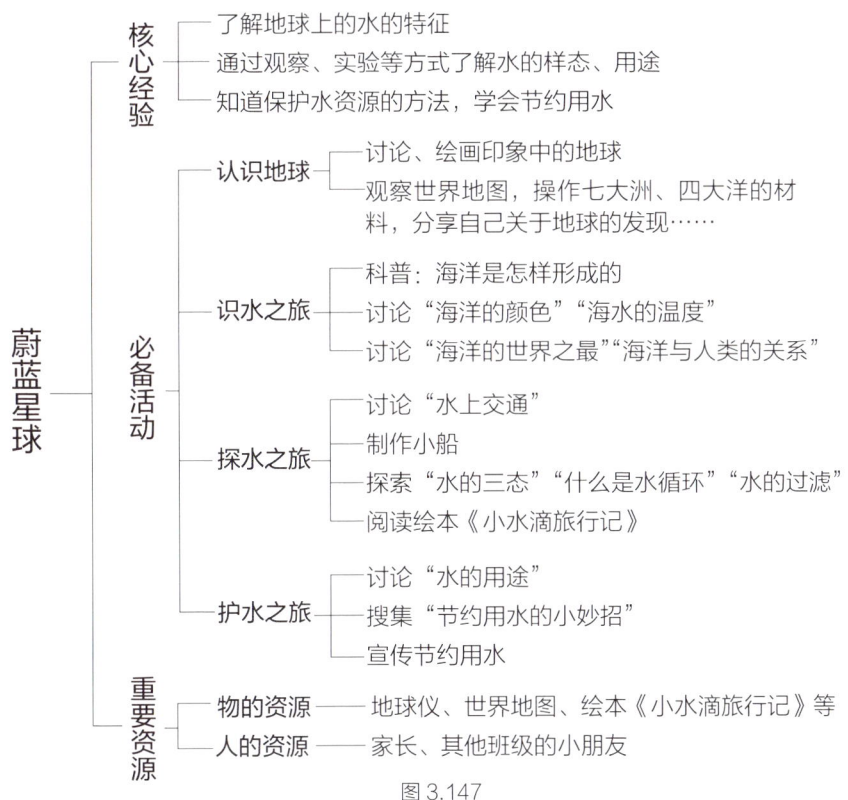

图 3.147

【学习活动安排表】

表3.6

序号	可开展的活动	活动类型	活动目标
1	谈话：我印象中地球是什么样的	集体	能说出自己了解的地球的样子
2	绘画：我眼中的地球	小组	了解地球的形状，画出自己眼中地球的样子
3	综合：七大洲和四大洋	集体	了解七大洲和四大洋的分布，能够在地图中找到七大洲和四大洋
4	谈话：海水的温度	集体	知道海水的温度会随着深度而变化
5	手工：海水的颜色	区域	用超轻黏土通过搓、揉、捏等精细动作表征作品
6	音乐欣赏：《海浪来了》	集体	感知音乐速度的变化与力度的关系
7	谈话：水上交通	集体	认识水上交通工具，了解水上交通规则
8	音乐欣赏：《帆船》	集体	能根据音乐的节奏用肢体动作表示快慢，并用乐器合奏
9	诗歌：《大海睡了》	集体	理解诗歌的内容，感受诗歌的意境美
10	综合：海上丝绸之路	集体	了解中国对外交流的水运路线，知道航线的起点之一在泉州
11	科学：水的三态	集体	了解大自然中水的三种形态
12	科学：水的三态的转化	小组	通过实验观察水的三态之间的转化，知道水蒸气遇冷会变成水

（续表）

序号	可开展的活动	活动类型	活动目标
13	谈话：雨水从哪来	集体	进一步了解水的形态变化
14	综合：水循环	小组	通过制作简易海上内循环模型了解海空间水循环
15	歌曲：《夏天的雷雨》	集体	熟悉歌曲旋律，理解歌词内容，初步了解夏天的雷雨、闪电等明显的气候特征
16	谈话：我身边的水	集体	知道身边有哪些水，了解自来水、纯净水、矿泉水的区别
17	儿歌：《水》	集体	感知儿歌的韵律，有感情地朗诵儿歌
18	科学：水的过滤	区域	了解水的过滤材料，通过操作水过滤器，记录观察到的现象并进行分享
19	科学：水的作用	集体	能说出水的作用，知道水与人类的关系
20	歌曲表演：《泼水歌》	集体	感受歌曲活泼、幽默的特点，能用生动有趣的歌声和律动进行表演
21	调查表：节约用水	亲子	知道节约用水的方法，用绘画的形式进行记录，提高环保意识
22	综合：班级用水大调查	小组	了解水表的基本结构，知道如何看水表和抄录水表；通过定期记录水表的数据，提高节约用水的环保意识

【活动记录】

活动一：认识地球

为了解孩子对于"地球"的认识，我们与孩子进行了一场主题为"我印象中地球的样子"的谈话。

> 可佳："地球是圆圆的、蓝蓝的、白白的。"
>
> 裕森："地球上有绿绿的大树。"
>
> 祉妍："地球上有蓝色的大海，有绿色的小草。"
>
> 泽荣："地球上有深海和浅海。"
>
> 艺博："地球上有灰色的凹凸的地方。"
>
> 梓熠："地球上有中国。"
>
> …………

教师的思考与分析

记录和归类孩子的分享，发现他们的话语中多次提到地球上有蓝色的海洋，所以我们决定遵从孩子的已有经验，从地球上的海洋展开主题，最后落点回到幼儿身边的水。

于是我们提供了地球仪和地图，带领孩子初步了解了地球。

接着，孩子开始他们的创作，在地球的表面画上高高的房子和大树，画上人、汽车和动物……

图 3.148

教师的思考与分析

我们可以看到，地球仪和世界地图让孩子们知道了地球的样子，有海洋、有陆地。但同时也可以发现孩子们对海洋和陆地的大小和分布进行了有"创意"的改造，有的大、有的小，有的还消失了。于是我问："地球是你画的这个样子吗？"

地球是我画的这样吗？

孩子们纷纷问："老师，地球是不是就是我画的这样？"

"我画的地球像不像？"

图 3.149

察觉到孩子急迫地想找到认同感，以及对真实地球的好奇，我们按照世界地图制作了七大洲和四大洋的学习材料，将其呈现在教室墙面上，其中"四大洋"的板块被专门制作为可撕贴的，孩子们很感兴趣，时不时来到板块前面看一看、认一认，重新拼一拼。通过这份学习材料，大家再次认识了地球的大致分布，知道地球上陆地和海洋的大致形状和位置，知道了面积最大的海洋是太平洋。

小插曲——冰川融化

在制作地图的时候，我们根据七大洲的特点将每个洲涂成了不同的颜色。孩子们善于发现问题，小脑袋里充满了对世界的好奇。

宇浩："老师，为什么南极洲是灰色的？"

老师："因为南极洲存在大量的冰川，南极洲的陆地上几乎都覆盖了厚厚的冰川。"

其他孩子："什么是冰川？"

原来孩子不知道冰川，我猜他们应该也没接触过温室效应导致的冰川融化，所以，我们找了一些信息资源，用图片和视频向孩子介绍冰川，冰川融化的原因以及后果。为了让孩子直接感受和亲身体验，我们还在科学区设置了感官盘。

孩子们进区选择这项操作时，先把冰块放在盘子里，再将企鹅、北极熊的模型放在冰块上，当冰块渐渐消融，企鹅和北极熊会因为没有站立的地方而跌入水中。同时附上了一份操作单，让孩子画出看到的情景与他想到的事情。

图 3.150

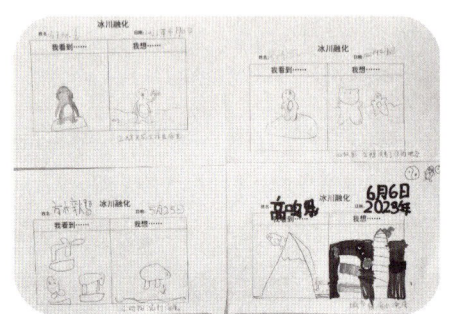

图 3.151

教师的思考与分析

冰川融化的这份材料让科学区变得很抢手，每次区域活动后的分享让"冰川""冰川融化"的话题深入人心。孩子们从刚开始的"冰川融化会让南极和北极的动物没有家，只能生活在水里"，到后来的"南极和北极的动物没有地方落脚会很累，最终沉入水底死掉"，再到联系自己的处境进行思考"深圳就在海边，海边的城市会被淹没，我们也没有家了。"

我们知道，所有的教育应该让孩子们有所体会，能和自己原有的经验相连接以建构新经验，在这个活动中，冰川融化在成人看来可能是由于温室效应，但我们选择通过简单直观的场景模拟，支持小朋友自己去摆弄、探索，最终慢慢在持续的讨论中理解。

活动二：识水之旅

海水的颜色只有蓝色吗？

有一天，一个孩子在讲述自己的作品时说："老师，海水都是蓝的。"我问："为什么呢？"孩子指着地图说："地图上海洋都是蓝色呀。"可我们知道，实际上海水有很多种颜色。为了给大家提供支持，我们从网络上搜索了许多不同颜色海水的图片，满足了孩子们的求知欲。

原来，海水就是透明的，呈现不同颜色和阳光的光线、沙子或土壤的颜色、浮游生物等都有关系，所以大多数海水是蓝色的，而有的海水是绿色的，有的是红色的，还有黑色的和白色的。孩子们纷纷进入美工区，用超轻黏土、贝壳、海螺进行创作，要把自己最喜欢的海水颜色表现出来。

> 有的孩子像"唯物主义者"："海水是蓝色的，因为我只见过蓝色的海水。"
>
> 有的孩子像诗人："我要做粉色的海水，因为海岛上的花朵全都落进了海里，所以我的海水是粉色的。"
>
> 有的孩子应该是新闻的拥护者："海水有绿色的，干干净净、安安静静，只有深海里的鱼在海水里，它没有被核废料污染。"
>
> ⋯⋯⋯⋯

孩子们的表达非常惊艳，也体现出大班小朋友对于信息捕捉的灵敏以及思维的活跃。

图 3.152

我一直在思考，这是一个"科学"话题，科学就是要严谨，但是，我们没有见过的就一定不存在吗？我们可以用"艺术"的创作来表现科学吗？

在前期的"地球是我画的样子吗？"活动中，我认为孩子们不能随意变化七大洲和四大洋的形状和地理位置，还专门制作了学习材料来帮助孩子们认识，但是在本次关于海水颜色的讨论上，我则认为教师要了解并倾听幼儿关于艺术表现的想法或感受，领会并尊重幼儿的创作意图，不用成人的标准来评价幼儿。"粉色的海"在大部分人听来是不存在的，但我们不应该质疑甚至否定，维护和肯定幼儿的感受在此时更加重要。

教育充满了选择，我时常在这种选择关头踌躇，思考"这时候孩子更需要什么"能够帮助我做出决定。

活动三：探水之旅

海上有交通吗？

> 宇浩："我想去远远的海上看海水的颜色，去看绿色的海。"
>
> 老师："那你要怎么去呢？"
>
> 其他孩子："我可以坐大轮船啊。"

看来他知道海上有交通，我想：其他孩子也知道吗？于是我们与孩子们讨论：海上是否存在交通？如果有，怎么看不到交通信号灯和路线？如果没有，我们要怎么去自己想去的地方？孩子们开始思考。

> 子程："水上没有交通，因为红绿灯会掉进水里。"
>
> 再为："水上没有交通，因为鱼会闯红灯。"
>
> 宇浩："水上有交通，我看到过轮船。坐轮船可以去我们想去的地方。"

关于海上交通的问题，大家说了可不算，我们请来浩洋小朋友的爸爸为大家揭晓谜底，浩洋爸爸工作的行业是"远洋航运"，由他来做解释真是再合适不过了。浩洋爸爸用大量的图片和视频向大家说明：海上是存在交通的，而且水上交通工具种类繁多，我们国家的远洋航运水平居世界前列。

浩洋爸爸向小朋友们介绍古代的船只和现在我们国家的航海员、渔民如何回家，激发起老师们和孩子们浓浓的爱国之情，于是我们希望在主题活动里渗透学习中国文化的内涵，于是，一个预设之外的内容产生了——"海上丝绸之路"。

图 3.153

仍然是借助了信息化资源，孩子们了解了古代的海上丝绸之路的相关知识，知道福建的泉州是其起点之一，沿途会经过很多与我们中国交好的国家，而海上丝绸之路让古代的中国变得很繁华。

后续，我们和孩子们一起折纸船，亦杨小朋友另外做了一面五星红旗，她把旗子插在小船上，又给小船贴上五角星，她说："我的五星红旗去旅行。"我想，这是现在孩子对于海上丝绸之路的最美好、最浪漫的表达了。

图 3.154

教师的思考与分析

对于"交通"这类抽象的词语，需要教师用通俗易懂且具象的语言解释。因此在询问孩子们水上有没有交通之前，我们先让孩子们理解了什么是交通。

家长是非常有利的课程资源，家长可以作为助教、义工参与到班级活动（尤其是幼儿的学习）中来，这一方面密切了亲子关系、家园关系，另一方面也拓展了课程资源。爱国教育一直是我们教育里的要点，可能小朋友还不能十分理解，但是讲到中国通过海上丝绸之路与其他国家进行交流和贸易，孩子们会表现出一种自然而然的自豪，所以他们的折纸船上有了五星红旗，这是孩子们对祖国归属感和自豪感的体现。

什么是水的循环？

主题学习进展到现在，我们认为应该从地球上的海洋回归到孩子的身边，让主题和孩子们的日常生活、已有经验进行连接。而第一步就是回头看主题缘起时孩子们的兴趣和需要，我们发现"雨是从哪里来的？"这个问题到了可以解决的时候了。而这样的答案完全可以通过实验的方式有效获得，孩子们还可以从中丰富观察、记录、推测等经验。

我们首先帮助孩子理解了自然界中水的三态：雨、雪、冰雹、雾、露珠、水、水蒸气等。然后，我们提供了一个装有热水的保温杯，请孩子们先观察杯口蒸腾起的白烟。

"我知道，水很烫，所以就会冒烟。"

"这些白烟就是水蒸气，煮开水的时候就会有水蒸气。"

"煲汤的时候也会有水蒸气，还有咕噜咕噜的声音。"

然后我拿出一面小镜子，请孩子们摸一摸，感受小镜子的温度。接着请他们用小镜子盖住杯口一小会儿，再拿起来观察小镜子的变化。

"小镜子上有水。"

"是水蒸气！水蒸气变成了水。"

"水蒸气遇到凉凉的镜子，就变成了水。"

"我明白了，热的时候，水就会变成水蒸气，冷了水蒸气就会变成水。"

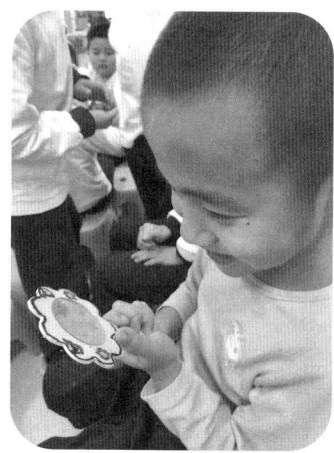

图 3.155

水蒸气遇冷变成水，这就是水的液化，也就是下雨的原理，而下雨是水循环的一个重要环节。为了帮助孩子们更好地理解水的循环，我们和孩子一起探寻了海上内循环的秘密，用保鲜袋、蓝色水制作了简易的海上内循环系统，置于教室靠近阳光的一面窗户上。孩子们对于这个系统能否成功运行十分好奇，会在这里观察水的走向。

当中午的阳光打在玻璃上，蓝色的水蒸气特别明显时，孩子们就会欢欣雀跃，"老师，这是水蒸气吗？哇，它要变成雨水流下来了"。

图 3.156

教师的思考与分析

单独谈水的三态，是抽象的，为了让孩子能够直观地认识，我们在授课的时候用到了水的三态在大自然中的呈现，比如冰、雪、雾、水蒸气等。至于三态之间的转化，是深奥难懂的，所以我们选择了通过实验操作观察、描述现象的液化，现实中的变化总是让孩子惊呼神奇。

探寻水的循环，我们找到了一种方式，制作可以让孩子在平时也能够探索发现的模拟装置。对于这类科学现象，我们希望不是一味地传授理论知识，而是让孩子可以实际地触摸、感知，观察水的变化和走向。

雨水是脏的，怎么办?

这一天下雨，雨水打在白纸上，纸张干了后留下水的痕迹。孩子们说雨水是脏的，于是我灵机一动，说"老师有办法把水变干净"。于是我们开展了"水过滤"的小实验。

我们最初使用了普通的滤纸、海绵，让水流过去，可是仅凭肉眼的观察就可以看到水没有过滤干净，仍然是脏分分的。

然后，我们在网上购买了水的过滤装置，投放在科学区，孩子们自己动手实验，再记录观察到的现象。

图 3.157

图 3.158

教师的思考与分析

　　主题的方向从宏大的地球最终落回幼儿的身边，雨水是幼儿熟悉的身边的水，我们与孩子共同完成了"水过滤"的科学实验，但是大部分是老师在动手操作，孩子只是观察和描述实验现象。为了锻炼孩子的实验动手能力，知道实验需要记录实验结果，我们把材料完整地投放到科学区，并提供了白纸让孩子记录，这个实验相当受孩子们欢迎。

活动四：护水之旅

保护水资源的小妙招

　　要谈论保护水资源，首先得明确水对我们的重要性。于是我问孩子们："水有什么作用？"孩子们发表了各自的看法。

　　柏帆："水可以用来浇花。"

图 3.159

蒋美："水可以用来养鱼。"

济宇："水可以灭火。"

荣哲："人和动物都是需要喝水的。"

琳岳："水可以用来洗菜。"

祉妍："水可以用来拖地。"

瑞晨："水可以用来吹泡泡。"

…………

从孩子们零碎的表达中可以看到，其实大家都明白水对于人类的重要性，正是因为我们的生活根本离不开水，所以保护水资源才成为必要。

保护水资源的活动需要家庭的参与，于是，我们制作了家庭节水方法的收集表，请孩子们回家问问家人，把各自家庭的节水小妙招记录下来。老师把这些好方法分享在班级家长群里，引起了家长们的热议。

宣传节约用水

接着，孩子们利用这些积累下来的节水小妙招制作了宣传海报，到幼儿园各个班级宣传节约用水的重要性和节约用水的方法。

图 3.160

在某一天的谈话活动中，一个孩子问："我们宣传节约用水，其他班的小朋友是不是都懂了？"听了这话，我问大家："怎么知道宣传的效果？"小朋友有的说要去其他班级的洗手间看小朋友洗手，有的说可以去问问园长。我建议可以通过水表来看一段时间的用水量。

可是，什么是水表呢？我们找了网络上的资源，首先让孩子们理解水表及其使用原理。

图 3.161

接下来，我们要学习看水表和记录数据了。可孩子们在班里找了一通，发现水表安装得好高，需要爬上梯子才能看到，这该怎么办呢？

孩子们商量后决定请水电工吴叔叔帮忙。于是当天进美工区的孩子制作了邀请函，去吴叔叔的办公室向他说明我们调查水表的原因，并请他帮忙读水表上的数据。吴叔叔爽快地答应了。

吴叔叔负责查看水表的数据，孩子们在旁边负责记录下来。孩子们分组去了不同的班级，写下了第一次的用水量记录，大家约定好每个月都要去记录一次，这样就知道哪个班的小朋友最节约用水了。

图 3.162

教师的思考与分析

学习的最终目的是应用，孩子们知道节约用水的重要性后就希望更多人加入节水行动中，并且他们身体力行地用自己的方式去号召和宣传。这让我们看到孩子是社会进步、优秀品德延续的希望，也就更加确定了主题探究学习的价值。

【主题总结与反思】

一、幼儿成长

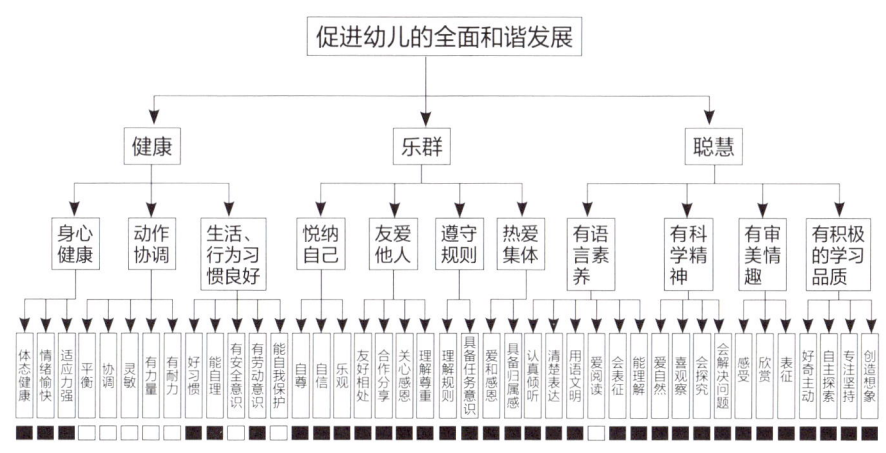

图 3.163

主题活动结束了，我们回顾园本课程目标，本次主题活动在目标的达成上取得了较好的效果，较为全面地促进了幼儿的学习和发展。

从"健康"发展的角度看。幼儿在活动中是自主、自在的，他们彼此交流，发表自己的看法，说明学习氛围良好，孩子们的情绪愉快。幼儿在探索水中懂得珍惜水资源，自觉形成节约用水的良好习惯。

从"乐群"社会情感发展的角度看。主题探究过程中涉及一些相对晦涩的科学知识，如冰川融化、海水呈现不同颜色的原因、海上交通等，一方面教师提供了较生动的信息化资源、家长的经验资源等，另一方面孩子们也充分表现了他们旺盛的好奇心，对新知识、新经验的渴求和接纳，体现了自信、自尊和乐观；各种小实验和经验分享都需要孩子们合作分享、友好相处；而且随着探究的深入，孩子们越发表现出理解并遵守社会规则，如从自己节约用水到宣传节水，体现出孩子们的集体荣誉感和归属感，懂得感恩。

从"聪慧"的角度看。多次的谈话、作品分享使幼儿学会认真倾听，能够理解他人的意思，也能清楚地表达自己的意见，具备了一定的语言素养；在"水的三态转化""海上内循环"和"水过滤"等科学探索中，幼儿更加亲近自然，喜爱观察，会探究和解决问题；幼儿在绘画、手工作品中表征自己的感受，同时也在欣赏他人的作品；"雨水是脏的"，那怎么办？幼儿的好奇心驱动他去主动探索并且专注坚持得到探究结果，在此过程中也发挥了幼儿的创造力和想象力。

二、教师成长

一是对主题推进的能力。教师根据幼儿的发展需要进行了主题预设，在主题开展过程中跟随幼儿的表达与表征进行了灵活调整，也根据幼儿的探索需要提供了相应的支持，并及时进行了反思。

二是观察和支持幼儿兴趣的能力。教师从主题预设开始就持续观察幼儿的兴趣，思考他们的发展需要，在此基础上不断为幼儿的进一步探索提出关键性问题，并提供时间与材料的支持。

三是统筹各项课程资源的能力。当有课程资源可利用时，教师会提前沟通协调，期望发挥资源的最大价值；当有课程资源并不具备时，教师就会通过信息化搜索、询问等，开发出能够支持探究深入的资源。

三、课程资源

我园的园本课程中提到要善于开发和利用课程资源，"蔚蓝星球"的主题其实与科学领域相关，因此我们充分利用了网络上的信息化资源、家长资源、幼儿园中人的资源、其他班级资源等，这些不仅支持了学习的深入和扩展，同时也为孩子们提供了和不同人交往的机会，锻炼了孩子的交往能力。

四、不足与改进

对照课程目标可以发现，本主题活动更侧重于科学和美术领域，缺少对幼儿力量的锻炼，欠缺了结合主题可以开展的幼儿安全意识和自我保护意识培养。

如果重新开展这个主题活动，我们会做以下补充：

一是增加幼儿对水的"重量"的体验，如讨论水的重量、感受水的重量、开展运水活动等，在感知液体重量的同时也锻炼身体的力量、耐力等。二是开展夏日防溺水的安全教育，让幼儿明白水有很多用途，但落入水中也是非常危险的，我们怎样保护自己的安全。三是提供更多和"水""海洋""海洋生物""海上交通"相关的书籍供幼儿自主阅读。四是增加关于"水的流动性"探究，让幼儿用水拓画的方式直观真切地感受水的流动，增加艺术方面的感知。

此外，对主题探究的顺序或许可以进行调整：讨论海上交通——探究水的流动性——了解水的三态及转化——探索水的循环。这样也许会使探究过程更加顺畅。

第四章

在教研和反思中完善课程建设

教师的教学素养水平最终决定了课程建设和实践的效果。我们的课程以幼儿为本，同时也注重对教师师德、专业及终身发展的引领，因此"双成长"课程提出"有爱、有知、有趣"的教师发展目标，这是基于我们对《幼儿园教师专业标准》（下称《标准》）的理解。

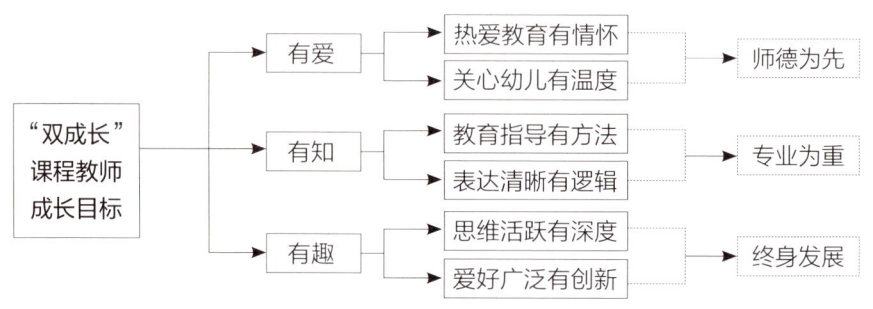

图 4.1 "双成长"课程教师成长目标

由图 4.1 可见，"有爱"指向《标准》中的"师德为先"，设热爱教育和关心幼儿两个维度；"有知"指向《标准》中的"能力为重"，设教育方法和表达逻辑两个维度；"有趣"指向《标准》中的"终身学习"，设思维深度和爱好创新两个维度。这既是教师的成长目标，同样也是"双成长"课程的建设目标。

一、帮助教师明确成长目标

我们希望教师能在目标的引领下明确成长的路径，因此鼓励教师在入职

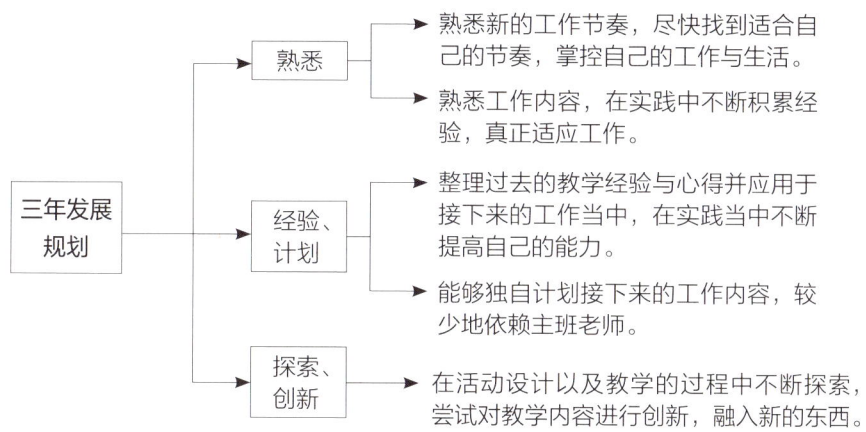

```
              ┌──► 熟悉 ──┬──► 熟悉新的工作节奏，尽快找到适合自
              │          │      己的节奏，掌控自己的工作与生活。
              │          └──► 熟悉工作内容，在实践中不断积累经
              │                 验，真正适应工作。
              │
三年发展 ─────┼──► 经验、┬──► 整理过去的教学经验与心得并应用于
  规划         │   计划   │      接下来的工作当中，在实践当中不断
              │          │      提高自己的能力。
              │          └──► 能够独自计划接下来的工作内容，较
              │                 少地依赖主班老师。
              │
              └──► 探索、──► 在活动设计以及教学的过程中不断探索，
                   创新       尝试对教学内容进行创新，融入新的东西。
```

图 4.2　新入职教师黎金燕的三年发展规划

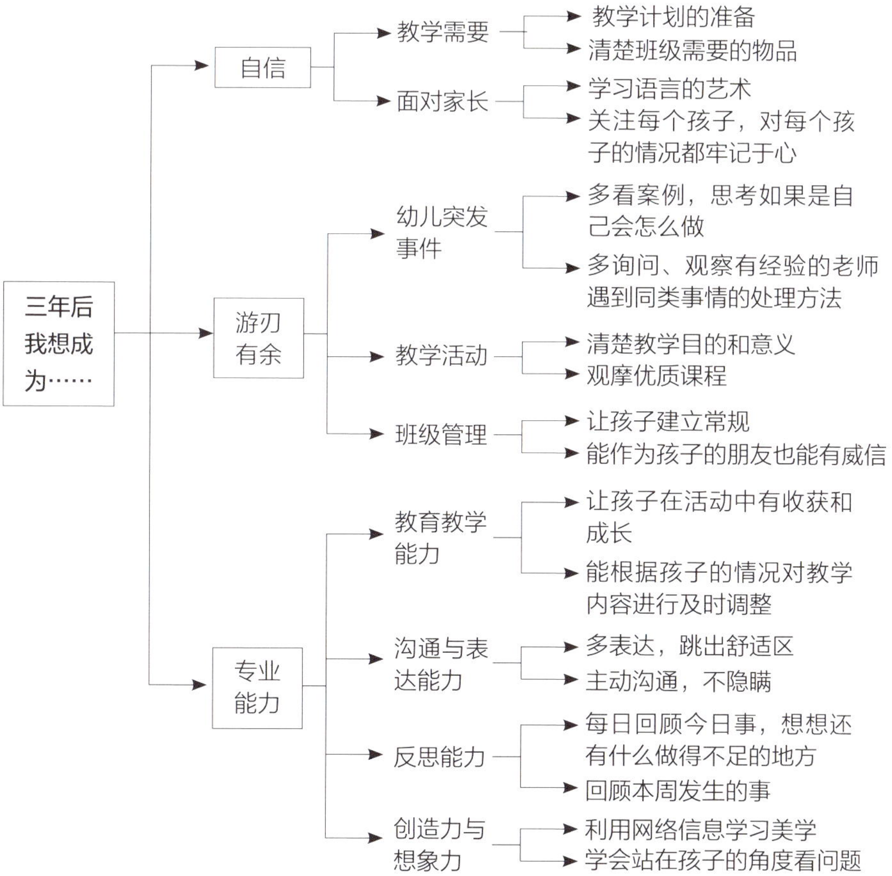

```
              ┌──► 自信 ──┬──► 教学需要 ──┬──► 教学计划的准备
              │          │             └──► 清楚班级需要的物品
              │          └──► 面对家长 ──┬──► 学习语言的艺术
              │                        └──► 关注每个孩子，对每个孩
              │                              子的情况都牢记于心
              │
              │          ┌──► 幼儿突发 ──┬──► 多看案例，思考如果是自
              │          │    事件        │      己会怎么做
              │          │             └──► 多询问、观察有经验的老师
三年后         │          │                   遇到同类事情的处理方法
我想成 ───────┼──► 游刃 ──┼──► 教学活动 ──┬──► 清楚教学目的和意义
为…… │   有余   │             └──► 观摩优质课程
              │          └──► 班级管理 ──┬──► 让孩子建立常规
              │                        └──► 能作为孩子的朋友也能有威信
              │
              │          ┌──► 教育教学 ──┬──► 让孩子在活动中有收获和
              │          │    能力        │      成长
              │          │             └──► 能根据孩子的情况对教学
              │          │                   内容进行及时调整
              └──► 专业 ──┼──► 沟通与表 ──┬──► 多表达，跳出舒适区
                   能力   │    达能力      └──► 主动沟通，不隐瞒
                         ├──► 反思能力 ──┬──► 每日回顾今日事，想想还
                         │             │      有什么做得不足的地方
                         │             └──► 回顾本周发生的事
                         └──► 创造力与 ──┬──► 利用网络信息学习美学
                              想象力      └──► 学会站在孩子的角度看问题
```

图 4.3　新入职教师陈文烯的三年发展规划

183

时写下自己的职业发展规划，通过持续的教学实践和反思成为心中向往的那种教师。

从新入职教师的个人发展规划中可见，她们希望自己不仅能胜任教师工作，还能在完成日常工作基础上学会创新，这其实也契合"双成长"课程对教师发展目标的设定。

二、指向成长目标的教研案例

课程与教师之间需要"信任"。我们的课程强调预设和生成，在预设中，教师依据课程框架有逻辑、有章法地理顺课程计划；在生成过程中，教师更多的是在具体的情境中完成经验提升的循环，不一定完全忠实于已有计划。因此，课程要基于对教师理解力、教育智慧的信任而实施；而教师对课程的认可，同样也赋予课程践行、发展的力量。

为了建立这种"信任"，幼儿园基于教师成长目标给予教师充分的空间和机会支持教师成长，如通过真实教学情境、教学实践开展的集体教研和个人反思，都是促进教师成长、推动课程发展的有效方式。我们希望以教师参与，甚至是深度参与的方式，有目的地开展教师分层培训，通过形式丰富活泼的教研活动建立教师的学习共同体，从而落实课程目标，实现教师和幼儿的双成长。

（一）指向"有爱"目标的常态化影响

教师的教育情怀、对幼儿的关心并不是通过一个课例、一个主题活动来完成或说明的，它是春雨无声、是微风拂过、是点滴渗透，浸润在课程的始终。我们想要培养"热爱教育有情怀""关心幼儿有温度"的教师，就要关心教师，看到他们学习和发展的需要，有要求、有回应、有支持，这样老师们才能将感受到的爱转化为教育情怀，进而支持幼儿的成长。

（二）指向"有知"目标的教研活动

1. 教研案例：知行沙龙

面向群体：全体教师

教研目标：本着开放、活泼的理念，探讨教育教学中的问题与对策，开展不同角度的思辨，以期帮助教师解决实际问题，形成教学方法，提升教育质量。

开展路径：集问题——找师父——论知行——践悟思。

（1）教研室通过问卷调查、实践录像等方式收集青年教师教育困惑。

（2）通过教研室指定、老教师自荐、教师共同推荐等方式，确定有经验的教师定向指导。

（3）在沙龙中通过"老"带"新"、经验传授等方法，教师群体共同探讨教育的"知"与"行"，将所思所悟付诸实践。

"知行沙龙"活动开展至今，其内容涵盖了家长工作、环境创设策略、幼儿常规养成、师幼互动等问题。

2. 教研案例：一幼教师说

面向群体：新入职教师和青年教师

教研目标：通过教育活动点评、问题答辩、无领导小组讨论等活动，结合文件学习锻炼逻辑表达能力，提升教师对教育教学的反思能力。

教研方式说明：

（1）此形式的创设主要是为了搭建青年教师的交流平台，提供更多教师"说"的机会。

（2）帮助教师练习思维和表达的逻辑，将探讨的话题聚焦在学习政策文件、师幼互动实际问题上。

（3）制定表达规则，如问题答辩中，教师需要在规定时间内陈述观点，陈述时应论点明确、论据充分、条理清晰、紧密联系自身工作实际。

"一幼教师说"活动形式灵活，在答辩、讨论、辩论的过程中，教师可以从他人的观点中汲取营养，也激发更多反思。

（三）指向"有趣"目标的教研活动

1. 教研案例：集体活动教研

"双成长"课程的教与学方式，除了主题探究活动，还有基于五大领域的集体活动，在纷繁的大千世界中，我们应该选取什么来作为领域集体活动的内容，帮助幼儿向全面发展的目标迈进呢？我园教师结合自身兴趣、需求、能力特长进行选择组合，形成美术、体育、数学、语言、音乐、科学等领域教研组。

面向群体：全体教师

教研目标：

（1）制定领域集体活动内容。在组长的带领下，了解该领域学习的核心经验，针对《指南》的目标确定领域集体活动内容；研讨教学实践中存在的问题，采取相应的分工与合作方法解决问题。

（2）提升领域集体活动设计与实施水平。通过小组讨论、教学活动观摩互评等活动，结合《指南》《纲要》学习各领域活动核心经验，提升年轻教师领域集体活动设计、实施能力。

教研方式说明：

（1）教研室提供集体活动设计表、集体活动评价表、领域核心经验工具支持。

（2）领域集体活动内容教研。组内基于领域核心经验的共识筛选、制定各年龄段领域学习内容，促使教师深入了解幼儿，营造园内教研成果共享氛围。

（3）领域集体活动设计与实施教研。

开展路径：同年级组共同制定集体活动设计方案——组内轮流试教，一课三磨——互评、改进——形成成熟的集体活动设计。

集体活动的设计和组织是我园年轻教师的弱项，我们希望通过研习提高个人展示频率，加强互动，取长补短，形成学习共同体。在教研过程中，教学管理人员要跟进教师教研的各项步骤，组织评课，同时也邀请有经验的教师参与听评课，提出有效的指导建议。

2. 教研案例："NEW 计划"（"菜鸟"教师成长计划）

面向群体：新入职教师

教研目标：帮助新入职教师快速融入团队，促进相互了解、相互学习，产生集体归属感；通过各自展示自己感兴趣或擅长的教学技能，展现新教师的个人风采；通过后续教研提炼汇总形成新入职教师可用的班级管理、师幼互动策略。

开展路径：确定内容——一对一教研——分享体验——反馈汇总。

（1）新教师确定自己感兴趣的内容。

（2）教研员与新教师一对一教研，分析此内容在教学实践中如何发挥作用，初步提炼关键实施策略。

（3）新教师完整填写《NEW 计划内容分享表》。

（4）新教师主持并分享相关主题；其他新教师参与活动，分享感受并协助共同完善实施策略。

我园园舍重建后新教师占比达到 70% 以上，通过"NEW 计划"让新入职教师在保持、发扬自己的兴趣爱好、个性特长的同时，通过资源、经验共享融入新集体。

表 4.1 "NEW 计划"内容分享表

"NEW 计划"内容分享表（第一期）					
目标	内容	适用场景	日常实施方法（策略）	教研方式	新教师成长目标
吸引幼儿注意力，养成良好常规	手指游戏"小老鼠上灯台"	1.多数人等少数人 2.消极等待 3.餐后散步	选择什么样的"手指游戏"？ 1.情节跌宕起伏（捕猎）	示范互练	1.打破拘谨 2.模仿不一样的声音（大小、音效、强

（续表）

目标	内容	适用场景	日常实施方法（策略）	教研方式	新教师成长目标
			2.角色特征鲜明（善良—凶狠、弱小—强大）教师如何表现?1.动作上模仿动物特征，有情境感2.语言上生动形象，符合动物角色的要求		弱)，突出表现力

我们努力地带领教师在教学研究的路上奋勇向前，她们怀揣着教育情怀，见证着孩子们在自己的努力下不断成长，在课程研究与实践中获得幸福感、满足感，成长为有爱、有知、有趣的教师。

第三章中已然展现了教师灵动的课程故事，在这背后教师与课程的"信任"是如何建立的？教师在课程开展过程中聚焦了哪些问题？是如何研究的？我们站在课程管理的角度，以"课程背景下的主题环境教研""课程背景下的师幼互动教研""落于日常的'回应性支持'"为案例来讲述支持教师成长的故事。

三、深化课程理解的教研故事

（一）"看见·教师与儿童"——课程背景下的主题环境教研

"双成长"课程以主题探究活动为主要实施形式，主题环境是课程实施的重要资源，也是展现幼儿学习经历与思考、凸显教师引领发展的重要形式，对幼儿的学习与探索有重要的支持作用，所以，创设有意义的主题环境是教师理解与实施"双成长"课程的一门必修课。

问题1：为什么要提出这个教研内容？

从幼儿园课程的总体实施情况来看，各班主题探究活动在开展过程中存在共性问题。一方面，课程资源（如园所、家长）没有得到有效开发与利用；另一方面，幼儿园环境对激发幼儿学习兴趣与持续探索的支持力度不足。因此，作为幼儿园教学管理者，我们认为可以从"主题环境"这个内容切入，指导教师开展班级主题探究活动，从而夯实教师对课程的理解与实施。

从教师的实践需要来看，创设主题环境出现耗时长、效果欠佳的困境。教学支持和创设环境支持没有同步进行，从而出现较为滞后的环境呈现，表现为幼儿兴趣和学习发起后、幼儿探究活动发生后，班级环境才出现相关的话题元素。这种追随在教学实践之后的主题环境创设行为导致环创成为加班的主要原因。

下班后，走进一个个仍亮着灯的班级，你会看到：

A老师："这个学习内容已经做好了，可是放在哪里才好啊？"

B老师："唉，这几块主题板好分散，完全看不出主题探究线索，怎么办？"

C老师："教室都满了，没地方放主题板块。"

D老师："这几个标题写得不统一，我再重新做。"

…………

【来自教研室的思考】

通过走访班级，我们发现老师在环创上花费了一些不必要的时间，比如对于板块的排布、材料的使用、内容的选取等模糊不清，在犹豫中浪费大量时间，还有的过于追求成人眼中的"精致美观"，导致耗时许久。

189

我们认为，主题环境创设应该助力教师开展更加高效、有质量的教学活动，支持幼儿进行学习；老师们的困难本质上是对主题环境创设的目标、重点不清晰，亟须可操作的策略支持。为此，我们确定教研内容为"课程背景下的主题环境教研"，聚焦"看见·教师与儿童"制订了教研计划。

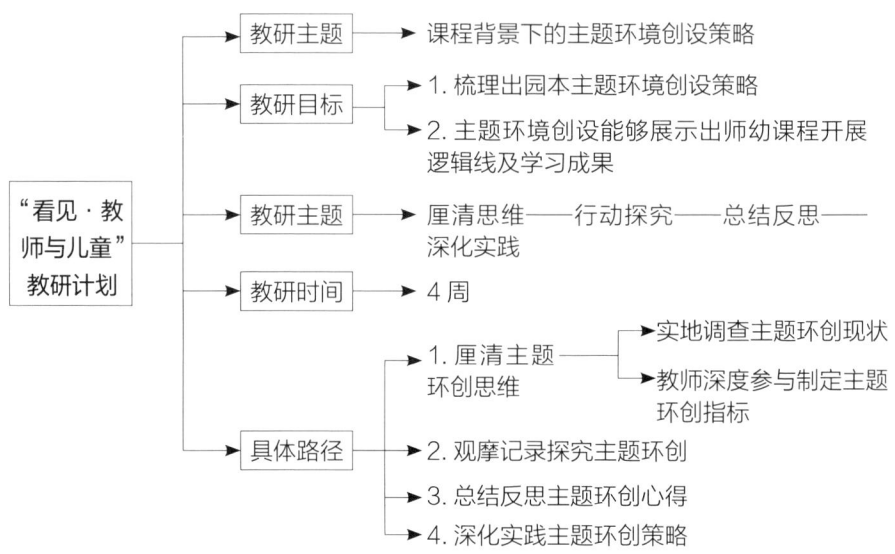

图 4.4 "看见·教师与儿童"主题环境创设教研计划

问题 2：为什么主题环境中要能够看见教师与儿童？

在开展教研活动前，应该先让老师们理解这个问题的价值，知道相应的基本要求，然后才能和实际教学实践进行比照和改进。

从理论上进行澄清、解释

一方面，为了更好地"看见儿童"，近年来幼儿园环创中提倡从幼儿的角度呈现幼儿的学习过程，体现幼儿对环境的参与，也要求环境创设要充分考虑对幼儿的友好度，如环创的高度不高于 1.2 米，应具备一定互动性，所有材料都要便于幼儿自主取放等。

另一方面，环境中也应该"看见教师"。首先这是"双成长"课程的理念，教师或引领着幼儿的学习或与幼儿共同探索，二者皆为主体，共同成长；

其次，教师对主题推进的思考、对幼儿作品的统筹排布、对色彩的使用搭配等，完整地体现着教师的专业素质。

从基本方法上给予思路

教师对主题探究活动的引领包括探究思路的引领，有效的提问、回应与引导，提炼与归纳，家园共育的组织等，那么在主题环境中就可转化为利用主题墙呈现清晰的活动逻辑，分类呈现幼儿的学习作品，归纳、提炼幼儿的语言和思考，展示家园共育成果等。

图 4.5 "东门老街"主题墙（大班）

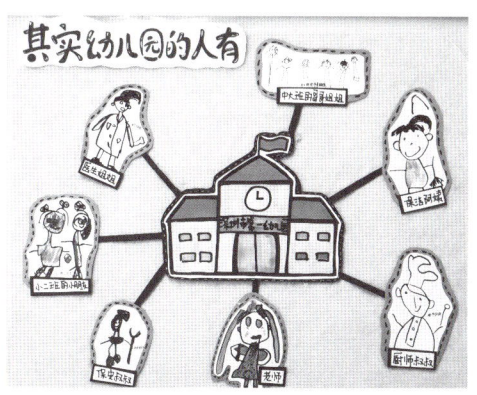

图 4.6 "我的幼儿园"主题墙（小班）

【来自教研室的思考】

总而言之，主题环境应该能帮助师幼双方回顾探究过程、巩固学习经验，达成教育目标。

问题3：用什么方式调动所有教师的参与积极性并提炼教研成果？

教师的学习和幼儿相同，在亲身思考、实践后得出的结论和策略才能真正领会与应用。为此，"课程背景下的主题环境教研"设计了"实地调查找问题——深度讨论找策略——行动中加深理解"的教研路径，让教师深度参与，获取经验。

实地调查找问题

目的：了解各班级主题创设现状，提出改善意见。

步骤：

第一步，老师们自选进入不同的班级，拍照记录班级内所有的环创板块。

第二步，将照片进行分类、计数。从"数量布局""主题活动逻辑""家园共育""呈现方式"等方面进行图文分析。

第三步，将调查结果向相应班级进行反馈。

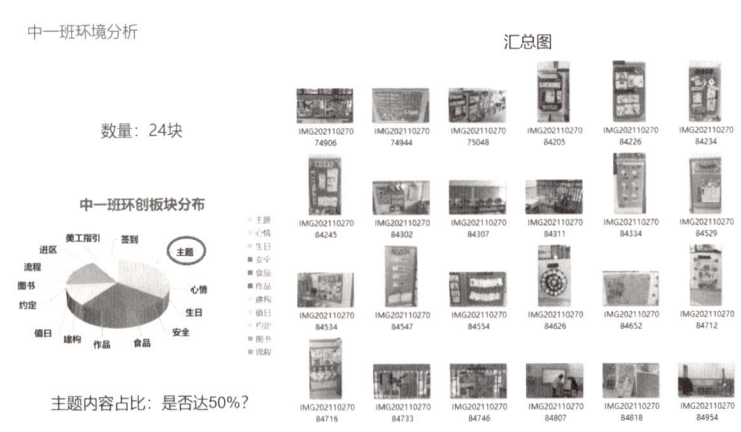

图4.7 班级主题环境创设情况调查结果

通过此次调查，我们发现，班级主题环境创设有一些共性问题，如"主题活动逻辑的呈现不清晰""缺少家园共育的内容呈现""版面呈现的内容不利于幼儿互动"……对于以上问题，我们没有直接"给"建议，而是请老师们一起来想办法。

深度讨论找策略

目的：集思广益，总结课程背景下主题环境创设策略。

方式：利用"引导布"，收集、整理教师策略。

"引导布"是一块有黏性的背景布，我们在开展需要发表意见、归纳策略的教研活动中较常使用。

步骤：

第一步，教师自由讨论。针对主题环创的共性问题，每位教师提出与记录至少一条"可操作"建议。

第二步，教师轮流发言，发言后将自己的策略贴在引导布上。

第三步，全体教师共同将策略进行分类，合并同类项。

第四步，为每一个类别的策略提炼关键词，即为类别名称。

"我认为主题环境中一定要体现幼儿的参与。"

"可以制作环境创设推进表，有计划地跟随主题适时展示。"

"要注重色彩的搭配。"

"使用安全、环保的材料。"

"围绕幼儿的兴趣点来创设。"

…………

在这次教研中，形成了"时间规划、家园共育、资源利用、主题逻辑、幼儿参与、呈现方式"六个维度的"课程背景下的主题环境创设策略"。

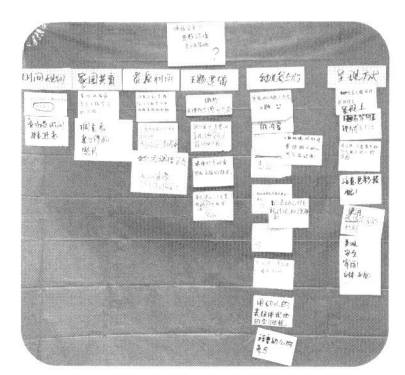

图4.8　教研成果

表4.2　课程背景下的主题环境创设策略

维度	内容
时间规划	随着主题的推进及时生成学习环境
家园共育	体现家庭参与主题学习的过程
资源利用	充分利用活动室内的物质材料
	充分挖掘幼儿园课程资源
主题逻辑	合理规划主题的空间布局，较为集中、连贯地体现主题活动推进过程
	预设主题活动网络，灵活生成，在环境中呈现逻辑线
	各板块活动标题与内容对应，各级标题使用统一风格
幼儿参与	让幼儿参与主题创设
	围绕幼儿兴趣点创设
	通过幼儿表征体现学习过程
	整理幼儿对主题的讨论和理解
	体现幼儿的可互动性
	引导幼儿参与幼儿园环境的优化、决策等
呈现方式	呈现多领域学习经验
	呈现方式多样（立体结合平面，图文、图表等）
	运用多种材料
	使用适宜（牢固、美观、安全）的材料

【来自教研室的思考】

　　思维是行动之基，教研活动行至此阶段，教师们形成了较为系统的改进策略与思路，对主题探究活动的推进逻辑、主题环境要体现教学相长等理念和方法有了进一步的认识。

行动中加深理解

目标：开放班级主题环境，实地观摩，相互学习。

步骤：

第一步，游园会。各班教师化身"导游"，围绕主题板块的数量、布局、活动思路等内容介绍本班的主题环境创设情况。

第二步，交流会。结合游园会的观摩感受，教师围绕"我最大的收获是什么""我想提出的问题是什么""我接下来要做的事是什么"三个问题进行交流分享。

第三步，点赞活动。交流会结束后，教师们通过点赞活动选出"最佳环境创设班级"以及"最佳讲解师"。

小四班林玉美老师在讲解本班主题环境时是这么说的：

主题活动线。小班的主题是"我和我的幼儿园"，我班主要从幼儿园的户外场地开发课程资源，让孩子感受自己是幼儿园的主人。

第一块主题版面是孩子开学返园后，充分调动触觉、视觉等多种感官发现幼儿园的变化。他们说：树长高了、花朵开放了、小溪里有小蝌蚪、沙池里多了很多新玩具等。然后他们把自己的观察表征出来。

第二块是我观察到孩子们对保安室门口的工具很感兴趣，于是开展了探访保安室活动。孩子们向保安叔叔提出各种问题，得到了解答，还在保安叔叔的带领下体验了巡逻打卡的整个过程。倾听和支持孩子的想法很重要，这是不断深入活动的理由和契机。

第三块是询问孩子们在探访和体验后的感受，开展连续进行的语言、美工、参访等活动。活动中孩子们进行了大量的交流、实地体验和游戏。还参与了一个表达感谢的社会活动，我和孩子们商量着一起制作了感谢卡，写上了感谢的话语，再一起送给保安叔叔。

…………

幼儿的表征方式。我采用了多种质地的材料和多种色调，不仅更好地呈现不同的学习活动，也拓展了孩子们的美术学习资源。

家长的参与让活动得以更加深入。在主题开始前我就请爸爸妈妈协助小朋友填写了"我喜欢幼儿园的……"调查问卷，主题开展过程中，孩子们把自己的问题写、画成一封信给爸爸妈妈，请他们解答。这些活动让家长参与了孩子的学习，也加深了对孩子的了解。

【来自教研室的思考】

主题教研要注重方法的提炼以及教师表达和逻辑的提升，实现园本课程下儿童与教师的共同成长。通过前期调整，各班主题环境有了许多变化，充分体现了幼儿是环境的主人。主要表现为：

一是前后呼应，主题的逻辑和作品的呈现都能做到前后呼应。

二是看见儿童，幼儿的想法和意愿得到尊重，教师能用行动支持孩子的学习与成长。

三是资源的开发和利用，不仅把幼儿园的物化作学习资源，更能把人作为学习的资源，帮助孩子获取新经验。

问题4：教研成果如何指导后续实践？

在班级后续的环境创设中，老师们运用了主题环境创设策略。

案例一：书签小事（讲述者：苏庆玉）

我们班的书很多，小朋友们都爱看书。可是，餐后的阅读时间有点紧张，小朋友会说："我的书还没看完，可是合起来放回去我下次就不记得看到哪一页了。"这怎么办呢？

我把这作为一个话题让小朋友讨论，有一个小朋友提到"书签"。可是书签是什么？怎么用？这个小朋友把自己的已有经验跟大伙儿分享。

于是美工区的小朋友画了他们的书签。为了增加书签的硬度，我为他们提供了衬在下面的小卡纸。于是，语言区里呈现了小朋友制作的书签。如果有需要，就可以从上面取下来夹进书里，做一个记号，下次再翻开就可以继续阅读啦。

图 4.9　小朋友制作的书签

案例二：大一班"出版社"故事展（讲述者：邓家丽）

欢迎大家来到大一班"出版社"故事展，它在紧挨着语言区的一个角落，这里展出的不是一个片段，而是一段经历。

幼儿园每周都有"园长讲故事"的活动，我们班也开展了图书漂流活动，浓浓的阅读氛围让孩子们喜欢阅读，喜欢听故事甚至是讲故事。我发现有个别小朋友会在美工区把自己心里想的事情画下来，然后跟我讲述。于是我提供了大的纸张，鼓励他们把要表达的"事情"画下来，后来他们的表征越来越丰富，我就提供了本子，用活动扣把书页串起来，便于他们不断增加内容。

对此感兴趣的孩子越来越多，这些"小书"不仅装点了活动室，增加了阅读气息，更成为师幼互动的载体，加深了我们彼此之间的了解。

图 4.10　大一班展出的小朋友自制图书

案例三："礼貌小天使"要做什么？（讲述者：江艳云）

中班的小朋友要开始担任幼儿园的"礼貌小天使"了，每天要提前进园门，提前做晨检，然后戴上小绶带，站在门厅向来园的小朋友们问好。这个活动让所有小朋友都很感兴趣。

他们在美工区把自己对"礼貌小天使"的理解画下来，再把他们画的内容跟老师讲述。有的小朋友虽然画的是笑脸，但告诉老师："我有点害怕，不知道小天使要做什么。"我们一起讨论了这个问题，

图 4.11　小朋友对"礼貌小天使"表征的前后对比

让小朋友们更明确：除了鞠躬问好，小天使还要做好礼仪的榜样，把友好、问候这样的好行为示范给更多小朋友。在后来的几周里，"礼貌小天使"仍然偶尔会是小朋友们绘画的主题，但表征出的色彩和情绪都明快了许多，小朋友告诉我"我不害怕了"，我很开心。

案例四：孩子是天生的艺术家（讲述者：黄颖）

每天，各年级都会有小朋友到美术室来展示他们的创意，有时，先到的小朋友需要等待一会儿，为了不让孩子们在等待时感到无聊，我准备了一些白纸，让孩子们随意使用美术室里感兴趣的材料创作。过了几天，我看到孩子们留在桌上完成或未完成的作品，呈现出不一样的风格，有的孩子喜欢水彩晕染，有的喜欢用亮片，有的喜欢毛绒球。我把孩子们的作品做了切割、连接，挂在窗前形成一面亮丽、缤纷的帘子。

我认为，孩子们是有学习能力、创造能力的，可有时，他们的作品可能仅仅只是一些尝试，只呈现了一些元素，并不是一幅完整的作品。而这时，老师把这些稍显零碎、不完整的创作进行整理、编排，可以化零为整。而且，当孩子们看到自己的作品成为班级环境的一部分，他们会多么开心呀！

图 4.12　老师将小朋友零碎的作品整合成一面帘子

【来自教研室的思考】

可以看到，以上四个案例充分体现了本次教研活动关于"时间规划""资源利用"和"幼儿参与"的策略。老师们深刻认识到幼儿是环境真正的主人，理解到园本课程下主题开展与环境创设的相互作用。

"课程背景下的主题环境创设"系列教研也对教师的课程实施产生了影响。可见，基于真问题设计的教研活动确实促进了教师的成长，进而支持了课程的进一步建设和完善。

（二）"课程 · 教师 · 儿童"——课程背景下的师幼互动教研

在幼儿园一日生活中，教师和幼儿之间发生的各种形式、性质、程度的交互作用和影响皆为师幼互动。高质量师幼互动可以促进幼儿语言、认知和社会性发展，并影响儿童未来的学业和心理健康状况。

《纲要》指出：教师要"关注幼儿在活动中的表现和反应，敏感地察觉他们的需要，及时以适当的方式应答，形成合作探究式的师生互动"。

2022年颁布的《幼儿园保育教育质量评估指南》中"互动""支持"等词高频率出现。聚焦过程质量，提升教师"师幼互动"的支持能力成为教师专业发展的重点。

因此，我们的课程将师幼互动置于核心地位，师幼互动是课程实施的基础，也成为教研活动的重点。

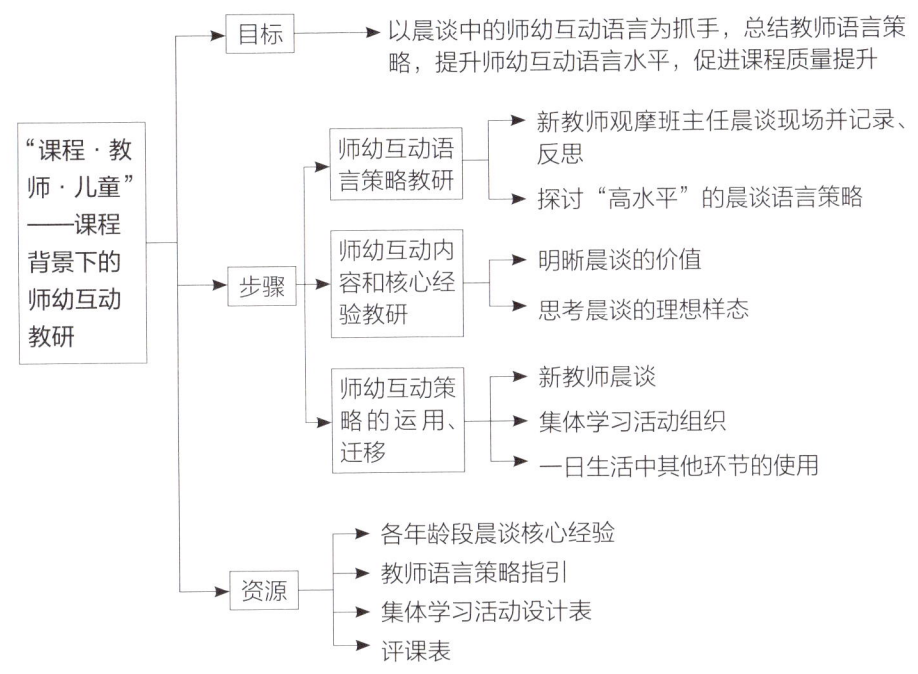

图 4.13　"课程·教师·儿童"——课程背景下的师幼互动教研计划

第一阶段 师幼互动语言策略教研

语言是一种人与人之间沟通的最重要的，也是最方便的媒介，人们彼此的交往离不开语言。苏联教育家苏霍姆林斯基曾说过，教师的语言修养在很大程度上决定着学生在课堂上脑力劳动的效率。教师的语言表达对孩子的教育产生直接的作用，甚至决定着教育、教学的效果。

我园重建开园后，迎来了一批刚毕业的新教师，对于这些新老师来说，怎么和孩子说话是一个大的挑战。由此，师幼互动语言成为课程背景下师幼互动教研的第一个切入点。

教研员："怎样的师幼互动语言是好的？"

"正面的。"

"开放性的。"

"能够发现和支持幼儿有意义地学习。"

…………

教研员："我们怎么知道自己的语言是不是正面的、开放性的、有支持性的？"

…………

于是，我们计划聚焦教师和幼儿互动较强的一日生活环节——晨谈，通过教师有组织的、有核心话题的集体谈话活动，来观察教师的语言表达现状。

1. 观摩班主任晨谈——帮助新教师获得直接经验

重点：关注教师提问语、回应语、引导语

新教师缺乏经验，有目的的观摩是最快获得直接经验的方式，同时，我们提供了晨谈语言记录表，有逻辑、有计划地引导新教师关注教师语言中的提问语、回应语、引导语，也期待教师的记录呈现得更有条理，有助于后期进行分析和总结。

表4.3　新教师对师幼晨谈环节语言的记录

（大三）班晨谈语言记录	
观察日期：2021.9.15　　晨谈组织者：林秋容　　记录人：张明瑶	
晨谈模块	日期、天气、建议、幼儿出勤情况
教师提问语	幼儿回应语
1. "小朋友们，接下来进入哪个环节了？" 2. "谁能告诉我今天是哪一天？请他上来翻一下我们的日历。" 3. "大家说他说得对不对？好，那现在请你把日历翻到正确的那一页。" 4. "今天的天气怎么样？气温有多少度？"	1. "晨谈活动。" 2. "今天是2021年9月15日。" 3. "对。" 4. "外面有太阳，是个晴天。今天26度。不对，今天有30度！" 5. ××："我建议大家多喝水、勤洗手，及时更换衣物。"

（续表）

教师提问语	幼儿回应语
5. "是的，今天的天气晴朗，气温在27度到33度之间，谁有一些好的建议要分享呢？" 6. "哇！××小朋友的建议很不错，我们一起给她鼓鼓掌吧！小朋友们跟着林老师一起说一遍：'今天是2021年9月15日，天气晴朗，气温在27度到33度之间，建议小朋友们多喝水、勤洗手，及时更换衣物。'" 7. "我们班今天来了多少小朋友呢？" 8. "咦？小朋友们有不同的答案，那老师带着大家来数一数吧！1、2、3……29，一共来了29个小朋友！现在跟着林老师一起说：'大三班总人数为31人，已到人数29人，未到人数2人。'"	6. "今天是2021年9月15日，天气晴朗，气温在27度到33度之间，建议小朋友们多喝水、勤洗手，及时更换衣物。" 7. "来了28个！""来了30个！""31个！" 8. "大三班总人数为31人，已到人数29人，未到人数2人。"
幼儿提问语	**教师回应语**
1. "老师，今天外面太热了怎么办？" 2. "老师，我们什么时候进区玩啊？" 3. "老师，我只有两件衣服可以换，怎么办？"	1. "所以建议小朋友要多喝水，及时更换衣物。" 2. "一会儿做完计划就是区域自主游戏时间。" 3. "一般来说，我们晨练后、上午和下午户外活动后要换衣服，有的小朋友午睡起床也需要换。所以书包里至少要放3套衣服，请每一位小朋友上学前检查一遍。如果今天只有两件衣服，换下来要晾在栏杆上。"
幼儿情况	**教师引导语**
1. 幼儿没有准确翻到正确的日期 2. 幼儿不知道气温的范围	1. "请回到你的座位，一会儿我请其他小朋友分享一下他的方法。"

（续表）

幼儿情况	教师引导语
3. 幼儿不举手，站起来抢话	2. "大家会看气温计，这表示的是现在的气温。气温范围指的是一整天的气温，从最低温度到最高温度，这就需要上网查。我们一起来查一查吧！" 3. "有想法、会表达的小朋友很棒，如果会倾听就更棒了。当别人在表达的时候，能够等一等、听一听是一个很高级的技能哦。"
整体氛围	
整体氛围活跃，幼儿是主导者，教师承担了引导正确行为、澄清概念的责任	

2. 探讨"高水平"的晨谈语言策略——帮助新教师提炼经验

当老师们聚焦"语言"时，会发现语言的力量如此强大，往往一句话就可以将活动关注点转移。教研员提前做好教研准备，在教研现场聚焦提问、回应、引导三类语言，引导老师思考上次的问题。

教研员："怎样的师幼互动语言是好的？"

"老师的提问语要开放，如果只问'是不是、对不对'，幼儿只能进行封闭式的回答。"

"要及时回应幼儿的提问。"

"我感觉老师有时不必直接给出答案，可以用反问的方式引导幼儿思考，自己得出答案。"

"提问的方式很重要。"

…………

教研员："教师提问、回应、引导的目的是什么？"

教研员："在明确目的后，我们一起提炼提问、回应、引导的教师语言策略。"

【来自教研室的思考】

表4.4　教师的语言策略

类别	目的	策略
提问	启发幼儿深入游戏和探索，促进幼儿进行批判性思考、想象、评价、创造。因此，"提问"要开放	1.了解幼儿是否理解：描述、讨论、解释、总结 2.支持幼儿应用新概念或新经验：解释原因、表演、建立事物或概念间的联系 3.推动幼儿分析事物或概念：识别不同点、尝试、推测、比较、对比 4.鼓励幼儿做出评价：表达观点、做出判断、争辩、评论 5.支持幼儿创造：制作、建构、设计、创作
回应	引导幼儿自我探索，为其提供支架。因此，"回应"要及时	1.反问：将幼儿抛过来的球又抛回去，引导幼儿对自己提出的问题进行观察和思考 2.引导教育：借幼儿提问的契机对幼儿进行引导与教育，将幼儿提问想要获得的答案进行升华 3.集体参与策略：让个别幼儿回答的问题成为大家都关注的信息 4.留疑策略：教师可承认无知，和幼儿共同探究 5.鼓励策略：鼓励要具体 6.建议策略：认真回答幼儿的问题，给予幼儿解决问题的支架，比如给出建议或可能性让幼儿有解决问题的方向
引导	帮助幼儿巩固良好行为，促进良好习惯养成。因此，"引导"要正向	1.规则引导法：当幼儿出现与班级常规不符的行为时，教师要立即纠正，并强调常规 2.示弱 3."低球技术"：在提出的一个较低的要求被满足后，随即提出较高的要求 4.榜样激励法：树立榜样引导和规范幼儿的行为

（续表）

类别	目的	策略
		5.延迟满足：当直接满足实现发生障碍或推迟时，儿童通过对实际上暂不存在的、需要延迟满足的对象产生"幻觉意象"，来达到消解紧张和由延迟满足所带来的烦恼
		6.互惠让步：教师先提一个幼儿不可能接受的要求，在幼儿拒绝后随即提出一个比较合理的要求

提炼出语言策略后，我们时常进行回顾，也将其运用在日常交流中，提醒大家"高水平"地运用教师语言。但我们也知道，这不足以解决新教师的实践问题，因为语言的使用需要因时因地因事因情境而定。

第二阶段 师幼互动内容和核心经验教研

教研的结果应当运用于实践，才能帮助教师在"研究思路"和"教学思路"之间转换，让教研真正发挥作用。因此，我们仍旧选择师幼互动较多的"晨谈"环节进行教研，强化"教师语言"的策略的实践和掌握。

1.明晰晨谈的价值

如果教师能够运用高水平的提问、回应和引导语言，就可以发挥晨谈环节的教育价值，为此，我们需要帮助教师回顾和澄清，于是，向教师提出以下支架性问题，并提供了表格工具：晨谈环节中各年龄段可能达成的核心经验表，以便支架教师将较成熟的核心经验与实践经验建立连接。

1. 晨谈谈什么内容？

2. 晨谈环节可以分成哪些模块？必谈的有哪些？自主选谈的有哪些？

3. 各模块晨谈可渗透的核心经验有哪些？（晨谈环节可能达成的核心经验表）

4.为了更好地渗透核心经验，教师可以用哪些语言来提问或引导?

表4.5　晨谈环节可能达成的核心经验表（以大班年龄段为例）

晨谈可能达成的核心经验（大班）			
社会领域	社会动机	亲和动机	1.关注园内的成人，并主动用"挥手或微笑"等方式和他们打招呼，如：晨谈过程遇到其他园长、老师，会用挥挥手或微笑的方式打招呼 2.愿意接受教师或同伴合理的建议
		支配动机	1.能承担各项任务，有信心完成 2.乐意照顾、带领同伴
		赞誉动机	1.积极回应别人的求助 2.喜欢出点子或想方法，意见被采纳时表现出满足或高兴
		归属动机	1.知道自己是中国人，喜欢自己居住的城市，能说出引以为豪的地方特色 2.愿意和同伴合作，为班级争夺荣誉
		利他动机	1.对于他人的失败能主动安慰 2.能发现周围人工作的辛苦，会说感激的话
	社会情感		1.发现自己的优点和长处，为自己好的行为感到高兴 2.具有初步的同情心，知道关注和体验别人的情绪和需要，并愿意给予简单的回应、帮助 3.尝试理解他人的想法，并能对他人好的行为表示赞赏，如：及时为同伴点赞或鼓掌 4.理解别人与自己之间不同的生活方式和习惯，尝试接纳与尊重 5.喜欢自己所在的班级和幼儿园，愿意参加集体活动
	社会礼仪		1.知道如何进行自我介绍，掌握交谈时要注视对方眼睛等基本礼仪 2.知道文明坐姿要求：（无椅子时）盘腿而坐或者抱腿坐，会根据同伴的需求主动调整位置 3.同伴发言时安静倾听，不以行为或语言打断同伴或教师的发言
	社会规则		1.有较强的时间概念，如：听到餐后阅读音乐响起后，马上做好晨谈准备（收拾图书、盘腿而坐） 2.能遵守班级规则，并能提醒同伴遵守规则 3.能为同伴或教师做力所能及的事，如：值日生做好晨谈前的记录工作；主动做好晨谈前的场地准备（铺垫子）等

（续表）

晨谈可能达成的核心经验（大班）		
语言领域	倾听	1. 能主动、积极、专注地倾听教师、同伴谈话，迅速掌握别人谈话的主要内容，并从中获取有用的信息 2. 围绕话题谈话，会用轮流的方式交谈，并能用恰当的语言表达自己的情感，与同伴分享感受 3. 能就一个问题发表自己的看法或进行评论
	表达	1. 讲话时语言表达流畅、不停顿，用词用句较为准确 2. 能有重点地讲述实物、图片和情景，突出讲述的中心内容 3. 在集体面前讲话时自然大方
数学领域	量概念	1. 认识日历、认识时钟，能把时间与生活经验结合起来 2. 感知时间的先后顺序，建立过去、现在、将来的时间概念。会用"昨天""明天""我小时候"组句 3. 学会看日历，知道一年有12个月，感知每个月的天数不同。知道如何表示时间、季节，并理解周期
	数概念	能运用生活经验理解应用题，能根据图片、实物编创应用题

2. 思考晨谈的理想样态

为了帮助教师思考如何通过自己有效的、高水平的语言，让晨谈发挥出理想的教育价值，我们请教师围绕一个晨谈实录案例，结合晨谈环节中各年龄段的核心经验讨论以上几个支架性问题。

此时，我们为教师准备了第二个表格工具，帮助教师有逻辑地梳理成果。

表4.6　晨谈模块的对应参考语（填写者：林琳琳）

晨谈模块		渗透的核心经验 （对应晨谈核心经验表）	教师语言
必谈	问候 点名	社会：社会礼仪 数学：数概念1、2	"小朋友们早。" "今天是××月××日，星期×。"

（续表）

晨谈模块		渗透的核心经验 （对应晨谈核心经验表）	教师语言
	天气着装	语言：倾听；表达1、3	"你来幼儿园的路上，有太阳和你玩游戏吗？有风吹在脸上吗？你现在感觉热吗？穿了几件衣服？"
	与主题探究相关的内容	依据主题探究的需要	"今天我们主题探究的内容是……"
	教师、幼儿计划	语言：倾听、表达	"今天的户外活动在哪里？区域自主时间你准备挑战什么材料？完成什么作品？你会和谁一起合作？打算使用什么材料……"
选谈	节气	科学：对周围的现象和事物感兴趣，引导孩子发现自然	"现在进入哪一个节气了？这个节气的天气如何？身边的植物有什么变化？你有什么感觉？这个节气的习俗是什么？"
	节日	社会：社会礼仪1、2、3 社会情感4 了解中国传统文化	"今天是什么节日？人们会做些什么，吃些什么？这个节日的意义是什么？"
	班级常规（安全、行为、纪律）	社会：社会规则、社会礼仪……	"昨天发生了一件事，你有什么看法？"
	新增的材料	结合各区新增的材料，渗透不同的经验	"老师带来一份新的材料，里面包含了……你认为这份材料可以怎么玩？可以和好朋友合作一起玩吗？新材料可以放在哪一个区域呢？"

（续表）

晨谈模块	渗透的核心经验 （对应晨谈核心经验表）	教师语言
随机事件	社会情感5 社会：了解身边的人或事	"我想给大家分享一件发生在……的事情，请你告诉我你的看法。"

备注：数字对应表4.5内容

【来自教研室的思考】

本阶段教研在年级组中进行，新、老教师的教育智慧有了碰撞。对于新教师而言，厘清了晨谈各个模块的目标、内容，也让理想的"教师语言"落到了具体的语句上。对于有经验的教师而言，她们的经验得到了提炼和梳理。

第三阶段 师幼互动语言策略的应用与迁移

教研的最终目的是解决问题，提高教师整体素质，聚焦晨谈环节提炼出来的师幼互动语言策略必须作用于日常的师幼互动实践，才能提升师幼互动水平，为高质量的"教与学"奠定基础。

新教师历经前两个阶段的教研后，在自身的晨谈实践中更加清晰理解了晨谈中教师与幼儿双主体的地位。在晨谈中，教师是策划者（晨谈的准备）、话题开启者（铺垫与引出话题）、维持者（对话题有度的掌控），幼儿在老师有效、适宜的引导下表达自己的观点。

在集体教学活动中，我们使用教学活动设计表（见第212页表4.7）来督促教师对自己的"提问语、引导语"进行精心设计，如在《"支柱"的承重性》教学设计（见表4.7）中，教师对每一个活动任务都提出了"关键句"，这一方面有助于教师自身的清晰表达，有利于幼儿理解，另一方面也便于其他老师借鉴；在"归纳与拓展"部分，教师有意识地计划使用指向记忆、理解、迁移、猜测、判断、计划等的高水平提问语，来帮助幼儿提炼经验、拓展思考。

在一日生活中，师幼互动无处不在，这需要教师认真倾听、观察、分析，并在日常做经常的回顾和反思，才能提升自己的互动水平，下文是一段教师的师幼互动记录。

小班幼儿的入园适应是一个牵动家长和老师的心的大事，孩子掉眼泪总是让我们心疼。邱小朋友第一天就在大门边哭闹着不肯进来，第二天也是如此，我直接从他妈妈怀里把他抱进来。从幼儿园门口到班级，他挣扎着又抓又扭，哭着说要找妈妈。我说："我们打电话给妈妈吧，走，先去教室找手机。"

回到教室，我问他："要找手机，可是手机长什么样呢？"（示弱）

他一边描述一边用手比画着。我和他讨论了手机壳的颜色和壳上贴的是什么贴纸，成功转移了他的注意力。进入教室，我拉着他蹲下，用手敲敲玩具柜，小声说："叩叩叩，请问手机你在吗？"然后转到玩具柜另一边，他找了找，说："没有。"

我说："接下来你找吧。"（建议）

邱小朋友开始在教室里到处找手机，他沉浸在这个找手机的游戏中，忘记了哭泣。每次敲完发现没有手机，他还会露出愉悦的表情对我说："没有。"

午餐准备开始时，邱小朋友突然又哭了，说不要吃饭。我跟他说："好！不吃饭，老师帮你把饭放远点，你先坐在你的位置上。"（让步）

他就坐在桌子边等我。我安抚好了其他小朋友再走到他身边。（延迟满足）

我说："林老师昨天拔了牙，吃不了东西，你帮我试一试，然后告诉我是甜的还是咸的。"他吃了一口说是咸的，我说："可我喜欢甜的，你帮我尝尝这一口是不是甜的。"他就又吃了一口。就这样，他把饭一口一口吃完了。（低球策略）

【来自教研室的思考】

师幼互动语言的教研让教师对"语言"的敏感度不断提升，大家在实践中开始逐渐寻找、总结自己的语言策略；开始主动关注其他能够影响师幼互动效果的元素，比如语境、情感关系的连接，这是我们所期待的，以"语言"教研为切入点开启师幼互动的世界。

表4.7　教学活动设计表

年级、领域：中班科学			
活动名称："支柱"的承重性			
活动目标： 1.认知目标：通过观察和体验，初步感知"支柱"和"承重" 2.技能目标：能通过观察和操作，动手用纸进行"承重"的小试验，并进行记录 3.情感目标：乐于尝试，勇于挑战，愿意分享			
一、活动预设			
（一）活动准备 1.物质准备：中国古代建筑、现代建筑的"柱子"图片；A4纸或图画纸；小人偶、小木块、小树枝等物品；记录单 2.经验准备：知道阅读记录单和会用自己的方式做记录 （二）重难点分析 理解"承重"			
二、探索、发现、理解、表达			
步骤	教师引导 （突出引导语、提问语）	幼儿被期待的行为	幼儿可能出现的情况 及教师建议
导入	任务：理解故事内容，参与互动 故事：一个小仙子来到人间，她正好落在一个小朋友的书桌上，窗口的阳光太热了，她想搭一个凉棚，可是桌子上只有一张纸。 关键句：怎么建一个凉棚？怎么顶起来一张纸？什么是支柱？怎么才能让纸立起来做支柱	听故事，能用自己的语言回答老师的问题，发挥想象力	不回应。老师可以改变提问方式或重新组织语言，帮助幼儿理解。 回答过于五花八门。老师要详略得当地回应幼儿的各种反馈，判断幼儿表述中的价值点，可以进行追问或聚焦，尽可能回到此环节的重点任务上

（续表）

步骤	教师引导（突出引导语、提问语）	幼儿被期待的行为	幼儿可能出现的情况及教师建议
操作	任务一：幼儿摆弄纸张，尝试让纸立起来。 关键句：我们一起来帮助小仙子做凉棚的支柱吧。请你用桌上的纸试一试，让纸能够立起来。 提示：确保幼儿有一样的、充足的纸张。 任务二：幼儿交流自己的发现。 关键句：向大家展示一下你的发现吧。你是怎么做到的？ 提醒：有必要对幼儿的操作和分享进行总结，可聚焦在纸张站立的"稳定性"和幼儿表达的清晰度上	能用卷、折、反复折、揉等方式进行尝试。 幼儿介绍自己的作品	幼儿不参与活动。老师可以个别询问，分辨幼儿不参与的原因是不理解还是"不会"。如果不理解，老师可以小声单独讲解，如果"不会"，老师可以建议观察别人的尝试。 为避免幼儿的展示作品雷同以致相互分享的经验过于同质化，老师应在幼儿操作时就进行观察，对后续的分享提前布局
拓展	任务：对建筑"支柱"的"承重"有初步感知和了解。 教师展示各种古代建筑、现代建筑的柱子，重点和幼儿探讨"支柱"的作用——"承重"	幼儿可能会表述自己曾见过的类似建筑	幼儿的表述可能会偏离活动目标。老师可巧妙选取幼儿表述中和"支柱""承重"相关的点进行连接
实验	任务一：探索自己的"站立的纸张"的承重性，并记录下来。 提醒：教师应介绍用于测试承重性的小人偶、小木块、小树枝等实物，以及记录单。 关键句：请你先在记录单上画下纸已经立起来的样子，再往立起来的纸上面小心地放这些物品，尽可能多放；最后数清楚放在上面的物品，	能在自己的作品上进行承重的实验。 乐于尝试改变纸张的形状，进行对比并有所发现。 能在失败中调整纸张的形状或上面物品的摆放。 能完成记录单	幼儿可能会沉醉于探索各种情况，而忽略了记录。教师可以稍加提醒，但无须强制要求，教师可小声提问，了解幼儿的发现

213

（续表）

步骤	教师引导 （突出引导语、提问语）	幼儿被期待的行为	幼儿可能出现的情况 及教师建议
	在记录单上画下来。 提醒：幼儿可能会想要尝试其他小朋友介绍的方式。 任务二：幼儿交流自己的发现。 关键句：请你来说说你的实验和记录。我刚才看到你放在上面的小积木倒下来了，是什么原因呢？后来你是怎么做的？ 提醒：教师有必要对幼儿的实验和分享进行总结。关注点可放在承重的"稳固性"和幼儿不断尝试、创新的品质上。 提醒：教师可以提前把将邀请分享的幼儿的记录单投放在一体机上	幼儿结合自己的记录单进行介绍。能够用自己的语言描述实验的过程，以及自己发现的技巧	可能有的幼儿无法说出积木倒下的原因。教师可根据过程中的观察，请出现相同情况的幼儿来帮助说明。 幼儿可能会说出一些和本次活动主题无关的感受，教师可以告知幼儿，这个问题和"稳固性"无关，但是老师会记录，课后再和他讨论

三、归纳与拓展

教师归纳拓展 （经验梳理、迁移）	幼儿回顾 （作品、作业单、经验分享、讨论）
可提出的问题： 我们刚才用纸做了什么？（记忆） 怎样才能让纸的上面放更多的东西？（理解） 生活中什么地方还需要这种"支柱"？（迁移） 为什么有的支柱多，有的支柱少？（比如桌子有4条支柱，有的亭子只有1条支柱，还有的亭子有4条支柱）（猜测） 支柱多就稳固，支柱少就不稳固吗？（判断） 我们需要什么材料才能来验证一下呢？（计划）	

（续表）

四、反思	
教学中的亮点或不足（片段描述）	改进建议

（三）落于日常的"回应性支持"

"双成长"课程在建构和完善的过程中，一直坚定地将课程目标贯穿在内容选择、一日生活组织和实施等方方面面中。为了更好地帮助教师掌握营造和谐师幼互动氛围的方法策略，不断提升专业素养，除了日常幼儿园组织的有目的的教研活动外，也要求教师在日常通过教育写作来磨炼自己的思维和表达。我们认为，当教师沉下心，将教育教学经验、思考、问题写下来，它便形成了一种可公开、可交流的成果，"纸上"的交流可以打破更多现实条件的限制，获得更大范围的交流。

"回应性"是幼儿园支持教师教育写作的基本理念，指的是幼儿园对教师诉诸笔端的思维要进行及时的回应和指导，我们发现，教学管理人员的关注度和回应性是教师坚持教育写作和教育反思的重要原因。我们称此为"回应性支持"。

表4.8 教师手记模板

日期：

记录对象：

事件地点：

发生了什么	尝试解释和分析	我可以怎么做
观察记录	内容为师幼互动事件，建议结合 class 量表内的指标进行解释和分析； 内容为幼儿一日生活中的游戏、交往等，建议结合《指南》相应领域的发展目标进行解读	避免笼统和套话，写可操作的做法

手记由教学管理者阅读后，及时对教师的记录进行"回应性支持"，如解答教育困惑、提出教育教学建议，指导行文表达等。

（一）对"教师手记"的回应性支持

表4.9　教师手记（彭飘飘）

日期：2022.10.31
记录对象：小 Y
事件地点：小三班教室

发生了什么	尝试解释和分析	我可以怎么做
清晨入园，小 Y 走到班级门口，我笑着迎上说："早上好呀，小Y。"她看着我，但不像平时那样打招呼，只见她看了看换鞋的小朋友们，但依然没动脚步。 （我的内心想法：小 Y 日常都笑眯眯地打招呼，今天这样不同往常，一定是遇到了烦恼的事情。这种时候需要运用我"爱的包容"策略。） 我蹲在她身旁，再一次说："你看看我们的入园六部曲，应该先完成哪一样呢？" 孩子拉了拉我的衣角，只说了一声"老师"，两眼开始湿润。 我问："需要我抱抱吗？"她点点头。 "可以和我分享发生了什么事吗？"	小班幼儿入园要解决的关键问题是入园适应。为了帮助他们认识情绪、表达情绪，学会遇到事情不大声喊叫，冷静处理，我们的主题正是关于情绪——"我的情绪我做主"。目前正结合绘本故事《我的情绪小怪兽》引导小朋友认识情绪。 小 Y 平时表现出来的性格是比较内敛的，她愿意向老师表达感受、描述事情，说明关于"情绪"的话题是适宜的、有效的。而日常老师给予幼儿的爱也让孩子感受到了安全、和谐、平等的氛围。 结合 class 量表、《指南》的指标进行分析：	无论发生什么事情，我们首先应该保护、尊重幼儿的内心，给予他们充足的安全感。 作为教师，我选择积极回应幼儿的话语，以真诚，接纳的心态对幼儿进行引导。 1. 使用肢体动作让幼儿感受到爱。 2. 用清晰的语言解释事情的道理

（续表）

发生了什么	尝试解释和分析	我可以怎么做
小 Y 说："我今天不太开心，我不想来幼儿园。" "为什么呢？" "妈妈说要带我去商场，但是因为我要上幼儿园，所以都没法去。" 我问："那妈妈是不是要去上班呢？" "是的。" "这就对了，我们都有自己需要完成的事情，你上学，妈妈上班，等到妈妈下班你放学，你们就可以一起去啦。"我的话题一转："对了，班里墙上出现了很多情绪小怪兽噢，你快去看看它们。" 小 Y 还抽泣着，但点了点头，完成了入园六部曲。 【持续观察】 后来在美术活动中，孩子们用自己喜欢的颜色去做情绪小怪兽。我观察到小 Y 选择的是绿色的，表示平静。 我问她为什么选择绿色，她指着自己的作品跟我分享："飘飘老师，我现在不难受了，要把难受装进瓶子里，变成绿色的小怪兽。"	1. 在情感支持上，《指南》健康领域提到，教师有义务帮助幼儿学会情绪安定以及将消极状态转为积极状态。本次互动中教师能够尊重儿童，做到"看见儿童"。 2. 在社会性发展方面，教师帮助幼儿了解不同的身份有不同的任务；同时班级开展的关于情绪小怪兽的活动也帮助小朋友知道可以把情绪先收藏起来。师幼间良好的互动推动幼儿与人交往、适应班级生活。 3. 在语言方面，老师耐心倾听有助于幼儿练习用自己的语言进行表达，让幼儿朝着《指南》中提到的"愿意讲并能清楚地表达"的目标发展	3. 利用幼儿的好奇心转移幼儿的注意力。 在一日生活中，孩子们仍有可能会出现情绪上的问题，除了上面的几条策略外，我还可以尝试： 1. 耐心倾听，帮助他们更好地理解自己，也学习完整的语言表达。 2. 关注随机教育。幼儿园的教育融入一日生活中，点滴的生活教育才真正适合孩子们身心发展，他们能够从点滴小事去开发、拓展，认识这个大世界

【来自教学园长的回应性支持】

飘飘，我要说的第一个问题是关于你对情绪和情感的关注。

关注小朋友情绪的老师是特别善良的，因为作为成人，很多时候我们可以敏锐地发现孩子的能力不足、认知不足，却很容易忽略他们也是有情绪的。成人会去定义一个好孩子就是"乖"的，"不捣蛋"的，"听话"的。

但我们自己作为一个社会人，如果领导仅以"乖""听话"来评价我们的工作，我们会怎么想呢？所以，推己及人，对孩子当然不能这么做。

第二个问题是关于你的持续观察。我们很容易根据一个画面、一个场景就对一个人下定义，但其实当下的那一刻很可能说明不了问题，所谓日久见人心，总得慢慢看。所以后来的那一段持续观察非常重要，很有意义。也希望你对任何一个孩子，都用发展的眼光去看待。

表4.10　教师手记（邹京艳）

日期：2022.10.13		
记录对象：小然、小铮、小齐等小朋友		
事件地点：中四班教室		
发生了什么	尝试解释和分析	我可以怎么做
为了营造秋天的氛围，这周班级的装饰花换成了干花，干花是用日常的食材制成的，不仅美观还有特殊的香味。孩子们对周围环境变化的敏感度很高，看到老师换了新的装饰，都忍不住用手去摸，用鼻子去闻。小然说："老师，这花好香呀。"	投放这份干花之后，发现孩子们对于"美"的感受表达角度各不相同，我能看到孩子们很喜欢并能主动调动身体的各个感官去感受这份美丽。每个孩子心里都有一颗美的种子，幼儿在艺术领域的学习关键是教师创造条	环境是很好的学习资源，在班级里可以多提供自然材料让孩子感受美和表达美，从而丰富孩子们的感性经验和审美情趣

（续表）

发生了什么	尝试解释和分析	我可以怎么做
小铮看到也凑过来说："这个果子有点刺手。" 小齐说："我看到了柠檬干，这是可以泡水的。" 经过他们仨这么一说，其他孩子也纷纷围了过来，也尝试着自己去摸和闻。 小信："老师，这个是用来煮饭的。" 小言："我知道这是松果。" 小函："这花真漂亮呀。" 小语："这是真的花吗？" 小形："我家里也有这个（桂皮），我妈妈用来煮鸡翅。" 小呦："我很喜欢这个棉花，好像一朵云呀。"	件和机会，在大自然和社会文化中引发幼儿对美的感受和体验	

【来自教学园长的回应性支持】

邹邹，你把小朋友说的话记录下来了，但是不能纯记录，要先分类，再通过解析去判断小朋友现在所处的水平，以及需要你支持之处。也就是说从第一列，到第二列，再到第三列，是一个思维递进和深入的过程。

例如：

一、对小朋友的话进行分类

（一）闻

小然说："老师，这花好香呀。"

（二）触

小铮看到也凑过来说："这个果子有点刺手。"

（三）用途

小齐说："我看到了柠檬干，这是可以泡水的。"

小信说："老师，这个是用来煮饭的。"

小彤说："我家里也有这个（桂皮），我妈妈用来煮鸡翅。"

（四）感受

小函说："这花真漂亮呀。"

小呦说："我很喜欢这个棉花，好像一朵云呀。"

（五）概念理解

小言说："我知道这是松果。"

小语说："这是真的花吗？"

二、分析

小朋友有强烈的好奇心，愿意探究。比如很敏锐地发现新的干花，能用多种感官去观察和发现。

有相关的经验，能联系自己的已有经验进行表达和分享。

三、策略

保护幼儿的好奇心和探索欲望。可以鼓励聚焦干花的交流来支持幼儿从直接感知和间接经验中学习。

拓展艺术领域欣赏和表达的内容、途径。一是可以在班级中继续增加与当下节气较为相关的干花、草、枝叶等进行装饰；二是鼓励幼儿用这些素材进行艺术创作。

【来自邹京艳老师的后续调整】

把孩子们的对话进行整理后，我发现能更加直观地看到孩子们的思维特点和认知经验，同时，也给我提供了一个很好的观察记录模板和写作逻辑，对我的帮助很大。

儿童有着与生俱来的好奇心和探究欲望，顺着这次孩子们对干花的喜爱，我带领大家开展了如何制作干花的活动。

孩子们在户外活动时，捡地上的落叶、树枝、石头、花瓣等自然材料，投放在班级的自然角里，用记录表的形式观察树叶的变化。同时用这些自然材料进行美术创作并在教室里展示。

（二）呈现为"教学知行录"的回应性支持

除了对教师手记进行回应性支持，我们还会陪同教师对自己一个学期、一个学年的手记进行回顾，从中体会文字表达的逐渐进步、思考的逐渐完整和深入；有时，我们会一同将教师感触较深，或出现频率较高的问题提取出来，将之作为一个主题进行重新思考，呈现为"教学知行录"，用于作为对课程价值和实施方式的宣传、引导。

以下呈现聚焦"师幼互动"的教学知行录，体现师幼互动中教师的有趣思考，并呈现良好师幼互动带来的良好教育效果。

有"趣"的师幼互动

教学知行录示例 1：

【教研室的推荐理由】

说到幼儿园的老师，大概在好多人的心目中，就是会带着孩子唱歌、跳舞、画画、讲故事的人，其实，我们认为幼儿园老师最不一样的地方，在于她会和孩子"玩"。那么大家可能有疑问了：陪孩子玩算什么本事啊？

这里面的学问可多了，我们大约会一直努力去理解孩子，再顺势而为给予支持和教育。"润物细无声"是我们追求的终极状态。

"打"不过，就加入

卢懿江（教龄 1 年）

初次交锋——完败

小朋友们慢慢适应幼儿园的生活，我们的活动也逐渐丰富起来。在这天的美术活动中，小 L 很认真地在装饰自己的作品，区域活动时间结束时，她还没有完成，听到收拾材料的音乐声，她一动不动，我猜她是太喜欢这个活动了，想要继续完成装饰。

我对她说："小 L，你的创作时间要到了哦，老师将你的作品保存好，我们下次再继续，好吗？"

她连头都没有抬，更没有理会我，只继续做着自己手上的事。

过了一会儿，我看到她还在美工区，而其他小朋友正陆陆续续收拾好材料回到自己的座位。按照我们班的规则，区域活动结束后小朋友需要回到自己的座位上，而小 L 的座位不在美工区，所以，她现在正坐在别人的座位上。

我于是又建议道："小 L，你先去找到自己的姓名印章盖在你的画上，这样下次就可以很快找到你的画了。我陪你去拿印章，怎么样？"

小 L 同意了。可是没想到她拿了印章又坐回刚刚的座位，兴奋地在自己的画上盖了一个又一个章。而此时，坐这个座位的小朋友在旁边已经等得有些焦急了。

我开始严肃地跟她讲道理，小 L 当然不乐意停止活动，她用手紧紧护住画和印章，嘴里还大声喊："我不要！就不要！"

这时，班级的另一位老师走过来，对她说："你是想要继续盖印章对吗？我给你一张白纸，你坐回自己的位置上盖，你可以盖很多、很漂亮的印章。但如果你继续坐在这里，这位小朋友就没有办法回到自己的座位了。"

小 L 似乎听懂了，她慢慢起身，拿着白纸回到自己的座位。

转变策略——略有小成

这几周，我观察到小 M 总是脱离群体，对于集体活动似乎并不感兴趣。

开始时，我一味催着她快点，快过来。但她并不响应，反倒愈发拒绝跟我沟通。

在日常观察中，我发现她有个性、有想法，肯定不是听不懂我要表达的意思，但为什么她如此抗拒我的催促，抗拒加入集体活动呢？是不是我没有"读懂"她呢？

我开始尝试在每一次要发出指令时先站在她的角度想一想她正在做什么、想要做什么，然后再提出要求。

有一次，在户外结束后收拾玩具的环节，我要将所有雪糕筒归位，小 M 却一直抱着雪糕筒，想要继续玩，嘴里还重复说着："我要吃雪糕，我要吃雪糕。"我便佯装神秘地对她说："走！我请你去我的秘密雪糕店，要不要和我一起去挑选不同味道的雪糕？"

她毫不犹豫地点头，主动扛起雪糕筒，和我一起拿去器械柜的"雪糕店"。我俩站在排列整齐的不同颜色雪糕筒前，吧嗒吧嗒地品尝了一顿"雪糕大餐"。

又有一次，在午休时，小 M 躺在榻榻米过道上，不愿意回到自己的小褥子上。我想了想，凑到她耳边悄悄说："哎呀，我的小公主怎么孤零零地睡在草地上呢？快回到公主的宫殿里吧。"只见小 M 皱着脸，乖乖起身，躺回自己的褥子上。她指着被子跟我说："公主怎么也要盖厚厚的被子？"

"那可不，因为公主也怕鼻涕虫呀！"我替她掖好被子，回答道。

主动出击——体验成功

这天早晨，我带小朋友们排队去检查视力，队伍尾巴的小 W 跟其他两个小伙伴玩得正欢，全然不知已经掉了前面的队伍一大截。我稍加观察，发现他们正在玩好朋友互相刷二维码的游戏。我便拿出手机，状似不经意地朝他们说："哎呀，我找到了我的二维码，有没有好朋友愿意跟我一起刷卡？"小 W 立刻看向我，我趁机向她发出邀请，"我可以和你做好朋友，一起玩刷卡游戏吗？"

她很快地走过来，拉住我的手。另外两个小朋友见状也跟了过来。于是我们一边玩各种版本的刷卡游戏，一边跟上了队伍。

反思

在复盘时，我总会想：为什么有时孩子对成人的要求和指令视而不见、听而不闻呢？通过本轮实践，我认为孩子们只是"不感兴趣"。

小班年龄段幼儿的行为习惯和规则意识还未养成，他们更本质地遵从自我内心的需求，从"我"出发去看待外界、做出选择和决策。正如小 L 对黏土和印章的新鲜感，沉浸在游戏世界里的小 M 和小 W，他们也许还不能理解集体规则，所以成人的"讲道理"的语言就起不了作用。

但是，小朋友是喜欢玩游戏的，成人完全可以用玩游戏的方式与他们沟通，尽情发挥"游戏力"。所以，如果"打"不过，就加入吧！孩童纯真的世界里没有杂质，成人眼中"正经"的事情，在他们眼里都只是游戏。和孩子交流的方式很多，我建议大家不妨试试用魔法制衡魔法：与其制止他们的游戏，不如再创造一个更好玩的游戏。

在后面的案例中，我改变了语言策略，用正向、积极的话题，把成人的言语和行为孩童化，这时所谓的要求和指令变成一件件新鲜有趣的事情，激发他们的兴趣，吸引他们的注意力，让他们主动参与进来，师幼自然而然地就融合在一起，事情也就变得简单多了。

当然，这个经历也更让我学会做事情先去思考"为什么"、再去判断"怎么做"。教育是一段漫长的过程，只有先读懂孩子，才能智慧施教，总结经验的同时，才能给予孩子更多的帮助与支持。

教学知行录示例 2：

【教研室的推荐理由】

师幼互动是我们幼儿园课程实施的基础，它是决定学前教育质量的过程性因素，我们知道，高质量师幼互动可以促进幼儿语言、认知和社会性发展，并影响儿童未来的学业和心理健康状况。

师幼互动可以发生在一天中的任何时间段：集体活动、生活活动、幼儿的自主活动。如果要做到更好地互动，需要教师认真倾听、观察，并在日常经常回顾和反思，才能提升自己的互动水平。

幼儿园曾经针对"师幼互动语言"的有效性进行教研，从提问、回应和指导三方面总结了一些语言策略。但在实际的教学中，仍然需要教师灵活运用自己的专业能力。让我们一起来关注闪现教师智慧的师幼互动吧。

师幼互动语言的神奇力量

庄娜（教龄 8 年）

小班的孩子，尤其在刚入园的那个阶段，对于"做事"颇为被动，例如自主游戏时，小积木掉在地上不愿意捡起来，或者老师说每个小朋友要把自己的小椅子推到桌子下，有的小朋友就不愿意做，有的会直接拒绝，说："我不！"

面对这样的情况，我想，或许需要从 3～4 岁年龄段特点来思考与分析。

从思维发展来看，小班的孩子正处于直觉行动思维阶段或是直觉行动思维向具体形象思维过渡阶段，对于自己的行动，存在无意识的情况，就是先做后想或者边做边想。

从注意力特点来看，他们的注意力转移、分配能力较差，对于从一件事转移到下一件事，会集中在主要、鲜明的部分，而忽视其他部分。

从情绪状态来看，他们的行为受情绪支配，高兴的时候听话，不高兴的时候不听话，情绪不稳定，容易受外界影响。

面对这样的年龄特点，有什么办法能让孩子们"主动做事"呢？

我想啊想啊，觉得抓住孩子们的注意力，就要营造能够吸引他们的情境，让孩子们沉浸其中，有目标、有挑战、有乐趣，这往往需要教师语言的艺术。

【我的肚子有小鱼】

开学第一周，我们发现，小 H 对于喝水这件事比较抗拒，无论老师如何劝说、诱导，甚至将水喂到了他的嘴边，他就是坚决不喝。这可不行啊。

于是第二天晨谈结束时，我设计了一个"小鱼游"的手指游戏。借用小鱼的角色，我说："小鱼要来跟你们做朋友了，让我看看谁的肚子里有小鱼呢，（假装从左到右看了一圈，皱了皱眉头）咦，小鱼怎么还没来？（睁大双眼）哦，我知道了，因为你们的肚子里没有水，小鱼喜欢有水的肚子。"

话音一落，还没等我叫他们去喝水，好几个小朋友就站起来离开位置去拿水杯了。

过了一会儿，孩子们陆陆续续走过来跟我说，"老师，你看看，我的肚子里有小鱼吗？是不是有好多小鱼？"最惊喜的是，小 H 也小碎步跑去自己拿水杯喝水了，喝完还不忘看着自己的肚子笑眯眯地嘀咕，"我的肚子有小鱼了！"

【用能量赶走鼻涕虫】

一到午餐时间，教室场面就堪称"灾难片"。有的孩子喜欢倒腾碗里的饭菜，弄得桌面上、椅子上、地板上到处都是；有的孩子不自己动手吃饭，得老师喂；最令老师和家长们担忧的是"喂也不吃"。唉，小 T 就是其中的吃饭"困难户"，每一餐都要几位老师绞尽脑汁连哄带"骗"，方能吃下几口。

深圳的天气乍暖还寒，这几天正逢气温骤降，班上抵抗力较弱的一些孩子开始挂着鼻涕了，小 T 也是受到鼻涕困扰的小朋友之一。这天午餐前，我正拉着两个小朋友擤鼻涕，突然灵机一动。

我一边给他们擦鼻涕一边说："看，这是鼻涕虫，这也是鼻涕虫。用力把它们擤出来，老师把鼻涕虫擦掉。"说着旁边的小朋友们开始乐起来。

我接着说："你们知道黏糊糊的鼻涕虫最害怕什么吗？"小朋友们纷纷说："怕大灰狼，怕警察叔叔……"

我装出很神秘的样子对他们说："鼻涕虫最害怕身体里的能量，身体里有能量，鼻涕虫就不敢来。"

一个小朋友问："什么是能量？"

我指着保育老师正在分发的散发着香气的饭菜，笑着说："这个简单，干净有营养的食物在肚子里就会转化成能量。只要把米饭、青菜、肉和蛋吃到肚子里，鼻涕虫就不敢来找你啦。"

神奇的事情发生了，往日需要"哄骗"着吃饭的小T，竟然自己拿起了勺子。更神奇的是，午餐后大四班的小朋友散步经过时，小T跟一个小哥哥说："鼻涕虫不能来了。"

有一句话我们常说：蹲下来和孩子说话。我认为，教师蹲下来的不仅仅是身体，更重要的是思想，转变我们的成人身份和成人腔调，和相应年龄段的孩子们调成同一频道对话，用孩子们能理解、能接受的语言去沟通，才能与孩子们建立良好的师幼关系，也更能让我们教到位，让孩子理解到位。

教学知行录示例 3：

【 教研室的推荐理由 】

　　幼儿园的一日生活，看似非常雷同，每一天都以相同的作息展开相同的环节，然而，有心的老师会重视每一个环节的教育价值，留心观察孩子的言行举止，在师幼互动中成就孩子的成长和自身素养的不断提升。

"点滴"之间见智慧
苏庆玉（教龄 3 年）

会游戏的老师是一个魔法师
我们在小山丘进行户外活动，一开始我让他们自由玩耍，孩子们在玩钻山洞的游戏。

小 H 很兴奋，跑来跑去还大叫，玩到投入时还推人。我担心出现不安全的情况，就赶紧提醒她，但几次下来都没什么效果。

我改变了一下策略，大声对小朋友们说："小老鼠要去找奶酪吃咯，路上要经过山洞，山洞的另一头住着睡觉的大花猫。所以，小老鼠们在过山洞时动作要轻轻地，不要发出大声音，不然就会吵醒大花猫了。"

我还特意跟小 H 说："小心点，别被大花猫抓走哦。"

小 H 立刻对着我，举起一根手指头放在嘴巴前，"嘘"了一下，然后弯着腰慢慢钻过山洞。其他小朋友也自然地跟着小心翼翼钻过山洞找"奶酪"。他们还时不时跑过来告诉我大花猫没有被惊醒。

活动结束时，我表扬了大家，也表扬了小 H，她可开心了。

【教师 A 的看法】

当遇到问题时，采用游戏的方法及时调整策略，当新的玩法出现，小朋友就会自动代入情景，并能有序地继续游戏。

【教师 B 的看法】

用魔法打败"魔性"。当小朋友们沉浸在自由游戏中时，对于老师的"安全提醒"常常转瞬即忘。不如就加入他们的游戏吧。生动、童趣的游戏语言，往往能让孩子们自动识别、解锁。

观察是了解孩子最有效的途径

小 Z 在操作区选择了夹珠子的材料。

这份材料是小班上学期投放的，彩色的珠子，大大的夹子，方便孩子使用，同时也对"夹"的动作要求不高，孩子们很容易就能夹起珠子。

投放这份材料是基于培养手眼协调能力和契合当时孩子的小手精细动作水平，也为了让刚入学的孩子建立成就感。

小 Z 夹了一次后就把夹子放在了一边，然后他把装珠子的小筐子倒扣过来，用手捏着珠子往筐底上放，当珠子越放越多，他就非常小心地调整两只手的配合和摆放的力度，不让珠子掉下来。一边放还一边数珠子的数量。

【教师 A 的看法】

对于小 Z 当下的发展水平来说，上学期的这份材料过于简单了，因此他不愿意再继续简单地重复，而是探索了新的玩法，增加了难度。

【教师 B 的看法】

调整材料的层次性，以满足不同发展水平幼儿的学习需求。在小 Z 的操作中，大大的夹子并没有发挥它的用途，说明材料本身有调整的必要，可以考虑增加儿童筷子，来提高"夹珠子"的操作难度。

正面语言是良好师幼互动的黏合剂

今天离园时，孩子们似乎有点躁动，排队歪七扭八的不说，小嘴巴还叽叽喳喳说个不停，我本想交代一两件事情都觉得时机不对。

一般这种时候，我直觉的反应就是要求孩子们排好队，排好才出发。但我能够预测到，孩子们不一定会把这话听进去，毕竟经过一天的学习和生活，放学的这会儿大家注意力都分散了。

所以我采用了表扬和正面语言的策略，我说："看，×× 小朋友已经排好队站在直线上了，我们很快就要回家啦，你对齐了吗？"

换一个方式表达相同的要求，孩子们的接受程度高了许多。或许是为了向 ×× 小朋友学习，或许是为了快点出发，小朋友们听进去了"对齐"的要求，纷纷检查是否站在直线上并跟前面的小朋友对齐。

【教师 A 的看法】

积极语言有更好的指导性和促进作用，它不涉及情绪，只描述事实，更容易让人接受。当孩子不听话时，成人也容易发火，但发火于事无补。只有冷静下来，用正面的语言跟小朋友对话，才能更好地帮助幼儿理解问题、达成要求。

【教师 B 的看法】

一日生活中，规则无处不在，规则往往能让集体行动更加有序与安全。如何才能让孩子们把规则装进脑袋、付诸行动呢？教师简洁、清晰、有趣的指令语言尤其关键。

有思考的师幼互动

教学知行录示例 4：

【教研室的推荐理由】

"老师，小 A 推我。"

"老师，小 B 不收玩具。"

"老师，小 C 不遵守规则，他不分享他的玩具。"

每天，老师都会听到小朋友五花八门的"告状"，这些声音代表了什么呢？我们应该怎么理解和处理呢？

面对小朋友们的"告状"

陈文烯（教龄 2 年）

不知道老师们有没有真切地计算过每天你们收到多少来自小朋友们的"告状"呢？如果我们仔细分析孩子们"告状"的内容，也许会让我们更了解、理解孩子。

"求关注"型"告状"

滑梯是最受小朋友欢迎的户外活动场地，但因为这里有上下楼梯，且楼梯滑动速度快等因素，所以我会格外关注这个场地的安全，于是，我会在户外活动开始前和孩子们相互约定诸多相关的安全事项。一段时间下来，孩子们已经对场地安全牢记在心了。

可是，对中班的孩子来说，理解规则是一回事，真正做到用规则律己又是另一回事了。这不，孩子们正在游戏时，小Z突然跑到我面前，义正词严地对我说："陈老师，小J正在倒着爬滑梯，但是我没有。"

倒着爬滑梯也就是从滑梯下面往上爬，这种行为有较大的风险，是我重点禁止的，因为如果一个不凑巧和上面滑下来的孩子撞上，很可能就会受伤。看来小Z是完全理解并遵照执行的，他发现了小J的犯规动作，所以检举揭发。

我及时制止了小J，跟他重申了游戏规则。处理完了，突然发现一旁的小Z还在看着我，我对他说："我已经批评他啦，你继续去玩吧。"可小Z似乎还想要跟我说什么。我愣了一下，反应过来，摸了摸他的头说："老师要表扬你，能够遵守规则，还发现了不遵守规则的行为，避免发生危险。"

小Z笑了笑，走开了，继续玩他的游戏。

"表立场"型"告状"

上学期，我发现班里的孩子会说"脏话"了，还觉得很好玩，相互模仿着说。我想，这个阶段的孩子模仿能力强，但由于是非观念还未建立，他们只是觉得"好玩"，并没有上升到违背"讲文明懂礼貌"规则的程度。

开始时，我会及时强调不能讲脏话，要做文明的孩子："请你不要再说不好听的话，这是很不文明和礼貌的行为。"但我发现孩子们答应得好好的，当真正兴奋起来就会把约定抛在脑后。

这天午睡起床后，一些孩子在叠被子，一些已经叠好的就去穿鞋、盥洗，而我拉了女孩子过来，给她们梳头发。这时，小Z走到我面前，义正词严地说："陈老师，小X说了不好的话，我告诉他不能说他还是要说。"

小 X 没有能够约束住自己，不自觉地就会把听来的这些话模仿着说出来，这确实是破坏了和老师的约定，也会对其他小朋友带来不好的影响。

小 Z 来告诉我小 X 说脏话的事，大约是想要表明自己的立场，他是和我"统一战线"的。

我看见小 X 绞着手指站在远处看着我，我佯作伤心地对小 X 说："听到你说不礼貌的话，想到你做了不文明的行为，我很难过。"小 X 对我点点头说："那我以后不说了。"

小 Z 在旁边看着我批评了小 X，也对我点点头，离开了。

"求保护"型"告状"

午餐后散步是我们的例行做法，这是为了促进肠道蠕动，减少孩子们在午睡时肠胃的压力。一般散步时，我会组织孩子们排着队慢慢走，有时去看看幼儿园的新变化，有时去参观其他班级，在前行路上，孩子们会唱歌或者念最近学习的诗歌。

今天，孩子们正边走边唱，只听小 D 突然大声地说："陈老师，小 L 他挤到我了！"这是小事，我一边继续带着孩子们往前走，一边对小 L 说："好好走啊，你挤到小 D 了要怎么做？"小 L 就向小 D 道了歉。

这可不是小 D 第一次告状了，而且都不是大问题，我想，这是他在寻求老师的保护，可是，小 D 应该学会自己独立解决这些小问题。

回到教室孩子们都逐渐躺下了，我到小 D 身边说："下次，你可以先试着自己解决，解决不了的，再来找老师帮忙，好吗？"小 D 认真地对我点了点头。我知道作为成人，应该适时放手，在保证安全的前提下，持续观察并让孩子们尝试自己解决问题。

小朋友的语言逐渐发展，对规则的意识也越来越强，"告状"其实是比较普遍的行为，因为他们要追求公平，要表达愿望。作为老师，如果对告状行为不予理睬，会伤害幼儿的自尊心；但如果偏袒、鼓励告状的行为，又可能导致幼儿养成不良的习惯。因此，老师的正确指引很重要，老师要关注行为的本身，同时也要有意识地帮助孩子们提高分辨是非的能力，掌握和同伴和谐交往的技巧。

教学知行录示例 5：

【教研室的推荐理由】

很多时候，我们总是担心"冲突"，希望避免"冲突"，但其实，无论是成人还是孩子，都可以通过"冲突"学习良多。这也给我们一个启示，要有亮点思维，用积极的思维方式看到事情可以给我们带来的教育和成长。

冲 突

林玉美（教龄 2 年）　林密（教龄 22 年）

在真正成为一名老师之前，我没有想过孩子们之间有这么多冲突。在一日生活的每个环节，都有可能发生冲突，尤其是在孩子们自主游戏的时候。有的时候这种"冲突"会升级，比如打架，带来的麻烦后果就是受伤；但绝大多数时候，"冲突"只是孩子们之间发生的小矛盾，如：碰到了、踩到了、拿玩具的时候撞到了。

可是，即便问题不大，作为老师，也是要处理的。起初我特别害怕孩子之间的冲突和矛盾。后来经历得多了，我才慢慢发现，面对孩子们的冲突，成人其实无须过于紧张。从进入幼儿园开始，孩子们就进入一个小社会，他们开始学习社交，而在与同伴相处的过程中哪里能够百分之百独善其身呢？他们在一次次表达、沟通、争吵，甚至动手的过程中学会交往的技巧，学会如何保护自己，学会最有效率地解决问题。

难道这不是我们成人社会的简易版吗？如果我们希望孩子未来能适应社会，有良好的人际关系，应该从现在就开始支持他们在交往中体验和积累经验。

桥塌了

一次，小 M 和小 R 在建构区用积木搭建筑物，突然"哗"的一声，其中一座桥倒了。

小 M 对我说："老师你看，小 R 老是拿着车在桥上玩，把我的桥弄塌了，已经好几次了。"听起来他有点生气，但抱怨完也就把这事儿放在一边，重新专注到桥梁搭建中。

小 R 听到了伙伴对他的投诉，没有做出回应，只是把塌了的桥按原样再搭起来。只见他小心翼翼地将木块扶起来，可是他一不小心又碰到了其他木块，导致整座桥再一次倒下，而且倒下的面积更大。

小 M 这下更生气了，他的脸涨得通红，大声说："老师，你看他又弄坏了。"说完他把手里的积木重重地砸在地上，赌气地喊："我不搭了。"

我走过去轻轻把小 M 拉到一边，问："我觉得你很生气。你现在是很生气对吗？"

小 M 紧抿着嘴不吭声。

我又说："原来你这么生气啊，好不容易搭起来的桥总是被弄塌，是会生气的。"

小 M 回应我："都怪小 R。是他总是搞倒我的桥。"

我说："我看到了，你搭好了桥，他不小心就弄倒了，后来想要修补，又弄倒了一片。对吧？"

小 M 点点头。这时他看上去气消了一点。

我把他拉回桥梁建筑地点，问他和小 R："为什么桥这么容易倒？"他俩都不回答。我又问："你们觉得哪里最松动？最容易倒？"小 R 指指用作支撑的纸筒。我把纸筒拿起来，假装无意地说："纸筒啊，嗯，纸筒有点轻了。"

小 M 立刻走到柜子边，取了一块大的空心积木，说："换这个。"小 R 很自然地就把纸筒拿到一边，为小 M 的空心积木腾出空间。

接下去他俩就不需要我了，他们之间并没有什么交流，只是都把注意力放在建桥上。

在这个案例中，冲突发生时，我当下的判断是：孩子们关注的是作品——桥，所以帮助他们解决搭桥的问题才是关键。当桥梁稳固，冲突自然就消失了。不过，后续我还是要跟小 M 单独聊一聊关于表达愤怒情绪的方式。

受伤了！流血了！

有一次，小朋友们在草坪上玩，小 Q 和小 F 正追逐打闹，突然小 F 停下脚步，托着手臂对我大声说："老师，小 Q 把我抓流血了！"我一听受伤了，头皮都炸了一下，赶紧过去仔细观察小 F 的手臂。

原来，小 F 的手臂之前就受伤流血了，正在结痂恢复，小 Q 追逐小 F 的时候，正好就抠到了结痂处，现在痂有一半掀了起来，伤口再次流血了。

小 Q 站在旁边，很忐忑的样子，一声不吭。我抓起小 Q 的两只手，检查他的指甲，还好，指甲短短的，也不锋利。

我对小 F 说："老师带你去医务室。"又转头对小 Q 说："你也陪着小 F 一起去吧。"

伤口处理好后，也到了户外活动结束的时间，我组织小朋友们回到班级里。这期间，小 Q 一直不说话，于是趁着小朋友们洗手喝水的环节，我问他："你是不是应该去向小 F 道歉啊？"

他说："我不去。"

我觉得很奇怪，按道理，小朋友早就学会分辨简单的对错，学会了道歉和原谅，而且，这事儿很显然是小 Q 弄伤了别人，他怎么会觉得自己没有错呢？因此我追问："那你是怎么想的？"

小 Q 说："不是我的错。我之前不知道他手上有伤，所以我不想道歉。"

这下我明白了，小 Q 执着的点是"之前不知道"，简而言之，他要强调他并不是故意的，他认为如果道歉就表示他承认自己是有意弄伤了小 F。

我对小 Q 说："哦，是啊，我之前也不知道他的手臂有伤，所以刚才你们玩的时候没有提醒你要注意他的伤口。我们都不知道，所以我和你都不是故意的。对吧？"

小Q点点头。

我又说："不过，小F的手臂确实是因为我和你的疏忽、不小心而流血了。唉，要不这样，你陪我一起去跟他道歉？咱们是因为'不小心''不知道'而道歉的。好吗？"

我们一起去找到正坐在座位上喝水的小F，我说："小F，真抱歉，我之前不知道你的手上有旧伤口，所以没有提醒你和小Q在玩的时候要注意。对不起。"说完，我扯扯小Q。小Q说："小F，对不起，我不是故意的，我是不小心的。"想了想，他又说："我等一下去美工区做一个礼物送给你。"

小F笑眯眯地说："没关系，我知道你不是故意的。"接下来，他们俩就开始讨论在美工区要做什么手工了。

其实在这个案例中，似乎没有明显的"冲突"，但如果没有处理好，小朋友们内心的"冲突"可能会引起我们所担心的言语、动作上"冲突"。

我后来反思，当我们在面对一件具体的"事"时，要把孩子也当成一个有独立思维的平等的人来看待，我们的视角很可能与孩子的视角不同，所以，一定要倾听孩子的表述。当我们不确定的时候，要以开放的问题提问，帮助自己（当然也是帮助孩子）澄清彼此的想法。

最后，关于"冲突"解决的这件事，我认为作为教师、作为家长一定要信任孩子，他们必须通过自己的判断、分析来逐渐形成完整的看待事、物的标准体系，所以，更重要的是支持他们自己选择的方式，"原谅？""不原谅？""怎样才能原谅？"让他们自己做判断。

教学知行录示例 6：

【教研室的推荐理由】

幼儿园每天都是按照同一个作息安排活动的，这是在不断重复吗？当然不是，因为幼儿园里有灵动的孩子和老师，我们每天都在不同的场地上开展不同的活动，还有那每天都不一样的阳光、风、落叶、光影，这一切编织起来，就是五彩斑斓的幼儿园生活。往往在这里发生的事情很小，但是却颇有深意。

理解和支持

彭飘飘（教龄 3 年）

【我的观察】

天气逐渐变凉了，而且最近常是阴天，偶尔一阵雨，夏天已经过去了。

这天上午开展了户外活动，完成了老师有组织的动作练习和体能锻炼后，到了孩子们最爱的自由游戏时间。我们今天的活动地点在大滑梯，滑梯下有一条蜿蜒的小溪。因为担心玩水会弄湿衣服，所以我打算告诉孩子们在岸边捞小鱼要注意别打湿衣服，以防着凉感冒。

大家一起来到滑梯旁，我开始交代："小朋友们，今天的户外场地是大滑梯，我们要注意……"话还没说完，小 C 就独自往小鱼池的方向跑去。

我把注意事项说清楚，确认孩子们都明白了，就让大家自己去玩。

这时，我单独找到小 C，问："为什么着急地跑开？如果你发生了意外可怎么办？"

小 C 不说话，不愿理我，扭头就跑。我跟着他跑到了小鱼池边。

他指着水里的玩具鱼，转头对我说："老师，你看鱼掉进去了。"

我恍然大悟："原来你急着想把鱼捞起来，是吗？"

小 C 点点头。

我说："好的，那老师陪你去完成，但你要记住，下次一定要听老师说完安全小常识，解散后才能离开队伍。"

小C开心地跑去拿渔网捞起了漂在水面的玩具鱼，把鱼放回筐子里，然后跑到滑梯上玩去了。

【我的思考】

根据前期和小C家长的沟通，了解到他比较我行我素，有时不太听从指挥，今天的这个事例却让我对他有了不一样的认识。

3岁的小朋友刚刚来到幼儿园，是首次进入一个小社会，他们对规则的理解和内化需要一个较长的过程，所以无论是理解集体中的规则、知道关于安全的注意事项，还是具备用规则约束自己行为的能力，都需要慢慢培养。

因此，我要怎么做呢？

首先，理解和支持幼儿的想法。小C是故意离开集体的吗？当然不是，只是他的关注点放在那些天凉了还漂在水里的鱼。如果老师不尝试去观察和理解，而仅仅只是强调规则和纪律，一定不会取得好的教育效果。

那么，要怎样才能做到理解和支持呢？我认为可以结合实际发生的情景，联系孩子表达的话语，进行初步理解，然后再跟孩子交流确认，最后给予恰当的支持。

其次，采用正面引导的方式进行教育。在跟孩子沟通的时候，成人应该尽量克制自己的情绪，只从行为本身去进行描述和讲解，尤其是需要把希望和要求说清楚。这样也是帮助孩子聚焦到事情本身上。

【持续观察】

户外活动结束，我们回到班级，我趁着帮小C换衣服的机会，跟他交流："今天下午，我们要去草坪玩，你帮助老师做个小小安全管理员好吗？你要看看有没有擅自离开大家的小朋友，然后跟老师一起告诉他这样不对。"

小C趴在我身上说："好吧。"

【我的思考】

爱玩是幼儿的天性，我们应该在安全的情况下，适当放手，相信幼儿。

幼儿是多面的，成人可以从他们一日生活中的表现去推断孩子的性格、能力和需要，再去提供相应的支持和教育。例如小 C 常常观察小伙伴在用餐时有没有浪费粮食，会不会自己动手吃饭，然后告诉老师，这就说明孩子对自己吃饭、节约粮食已经有了属于自己的观点，而且还具有责任感。

孩子的可塑性很强，成人应该因势利导。例如当我们发现小 C 的正义感、责任感十足，就可以在一日生活中请他做老师的小助手，在约束其他人行为的同时，也约束自我行为，从而渐渐增强集体规则意识。

教学知行录示例 7：

【教研室的推荐理由】

　　幼儿园里的每一天都精彩纷呈，这里有那么多各有特色的孩子，这就要求我们的老师、保育老师要有教育智慧，能做到随机应变。对幼儿园老师来说，一日生活中没有小事，哪怕细微如喝水、吃饭不掉饭粒、自己擦屁股、穿鞋子时拉好鞋舌，都是课程，都要一一细致地教会孩子们自己做，还要做得细致周到，这样才能为他们的未来学习和成长做好生活准备。

　　我们非常可喜地看到，老师们不仅仅做了、记录下来，还进行了积极的反思。

让"要求"成为孩子们的"需要"

张健芳（保育老师 教龄 3 年）傅丽红（保育老师 教龄 9 年）

沙秀媚（保育老师 教龄 16 年）

让孩子听话，这样可以吗？

按常规，小朋友来园后要直接到楼顶晨练。这天清晨，我正在做早餐准备，负责指引的老师过来跟我说，小 W 不愿意上去参加晨练。

我快步走到楼梯口，问小 W："你怎么了？咱们一起去锻炼身体吧。"可是小 W 就是磨磨蹭蹭不肯动，也不理我。

我突然回想起小 W 的家长曾经跟老师说，小 W 从小就怕打针，不听话的时候，只要我们说"医生来了"，小 W 就会立刻乖乖听话。这时我也想试一试，于是我直起身子，对着楼下喊了一声"医生早！"话音未落，小 W 飞快跑上四楼……

我专门针对这件事和关于"医生来了"的方法与家长做了沟通：此举确实能够解决一时的小毛病，但这样会让孩子形成对"医生"的误解。权衡利弊后，我们一致认为以后还是应该正面教育孩子认识问题，尽可能不用"医生来了"这个方法。

这件事情让我认识到自己离一个优秀的保育老师还有很大的距离，但我会认真、坚决地走下去，并且在这个过程中体验和孩子、家长共同成长的成就感和幸福感！

促进孩子养成良好行为习惯，积分激励可以吗？

进入四月，越发感觉孩子们长大了很多，他们很快就要步入小学，成为小学生了。在进行幼小衔接，帮助孩子们做好入学准备的过程中，结合参观小学、和小学生交流等活动，我们认为在此时针对良好的生活自理能力和社交能力给孩子们做指引很有必要。经过讨论，我们决定设置一个积分榜。

每天离园前，老师会与孩子共同回顾当天的表现，所有的孩子也都共同监督、见证。孩子们对积分榜的热情很高，于是和老师共同讨论了里面的积分项，其中就包含"专心吃饭"和"安静入睡"这两项。

小 X 是班里爱社交的小朋友，有许多话题要跟旁边的伙伴分享，总是说个没完，当然吃饭和午睡也是如此。积分榜设立后的一天，小 X 又忍不住和小伙伴分享他的见解。老师轻轻提醒："专心吃饭可以积一分哦。"他立刻就停止了说话，埋头吃起来。当天的早餐，他可是第二个吃完的，这让我们大为吃惊。晨谈时老师大力表扬了他，还立刻为他贴上了第一颗星星。接下来的一整天，小 X 都积极地参与到集体活动中来，并且自觉地遵守班级规则。

过了几天，由积分带来的动力似乎不足以吸引小 X 了，午睡时，他反复用手去扯旁边小朋友的被子，再说一阵子话。我俯下身，在他耳边轻声说："小 X，你违反了约定哦，如果提醒之后不改正，是要扣掉一个积分的。"他安静了一会儿，转过身，开始扯另一边小朋友的被子。我让他穿上外套和小拖鞋，拉着他的手来到积分榜面前，请他自己揭下一颗星星。小 X 噘着嘴回到床边，安安静静闭上了眼睛，很快就睡着了。

但我们在反思，这种"积分"激励确实在帮助孩子养成良好行为习惯方面起到积极作用，但却会让我们搞不清楚孩子们是为了"星星""分"而遵守约定，还是真正发自内心地做出良好行为。

让"要求"成为孩子们的"需要"

进入大班，我们可以从班级里的小事中看到孩子们的成长，你会发现他们已经有了自己的想法，同时也会跟老师斗智斗勇了！

一次户外活动回来，进入盥洗环节，孩子们陆续洗手、上洗手间、洗手、换衣服、喝水。我在洗手间门口一边留心着进出的小朋友，一边遥望接水喝的孩子，嘴里还提醒着："要接大半杯水哦。"

我留意到小 D 正在接水，可她时不时偷偷看我一眼。她正要喝，发现我正在看着她，马上又把杯子放到饮水机下面续水。我在心里偷笑：这孩子，刚才接的水肯定只有小半杯。可就在我转身那一瞬，余光让我发现她又悄悄地把刚接的水倒掉了一些。我马上意识到，一定还会有不爱喝水的小朋友用假动作糊弄。

于是我向班上两位老师反馈了有的孩子喝水不主动、不积极的问题。通过讨论，我们认为，大班年龄段的孩子已经有了基本的自主判断能力，他们做事情热情投入，喝水问题可能还要归因于大家对"水分补充对身体的重要性"理解不足。

老师专门设计了集体活动，讲解了身体中水分的重要性，例如抗病毒、加速身体新陈代谢、促使病毒排出等；增加了班级值日生督促接水、喝水的任务。

我则是找来几颗大蒜，和孩子们一起放进不同容器，一个容器里加水，一个不加水，请孩子们猜一猜：哪一种方式下的大蒜会长大？他们都猜加了水的大蒜会长大。一周后，水培的大蒜长出了蒜苗，无水种植的大蒜没有任何的变化。这时我再结合小实验的结果强调喝水的重要性。

现在，孩子们开始积极喝水了，偶尔也会听到值日生指点小朋友："你不喝水，会像没水的大蒜那样长不高的。"

我也在反思，要帮助孩子们养成良好的生活习惯也需要智慧，我们不能直接从行为本身入手，不断强调这件事应该如何做，而是要分析孩子们不这么做的原因是什么，针对原因去采取相应的教育措施，让成人的"要求"成为孩子们自己的"需要"，这样才会有比较好的教育效果。

教学知行录示例 8：

【教研室的推荐理由】

大自然中的万事万物都在变化。

随着时间的推移，一粒种子破土而出，在充足的阳光雨露中渐渐长成一株独一无二的植物，以自己的速度生长，开出与众不同的花朵。我们需要做的，就是了解这株植物的习性，在恰当的时候浇水、培土、支架、修剪……而在这个过程中，发现变化，体察需要是最基础的部分，我们称之为"观察"。

从变化中看到成长

邹京艳（教龄 10 年）

开学了，孩子们回到幼儿园，让整个园里再次充满欢笑声和热闹气氛，显得生机勃勃。这个学期他们就上中班了，一个假期过后，他们的变化非常明显，个个蹿高了个子，变得结实、动作利索起来，再也不是小班"肉肉"的模样，语言组织能力变强了，他们一个劲儿地拉着我描述自己假期里的经历。我瞬间感觉到孩子们在我一眨眼的工夫中长大了，他们已经变成中班小朋友了。

看见变化

记得小 X 在小班时，整整两个学期，每天入园都得我到幼儿园大门口把她接进来。而今天，她是自己背着书包走进幼儿园的，还回头笑着对她的爸爸妈妈说再见，然后独立而流畅地完成面部识别、晨检、晨练一系列活动。和上学期的情况相比有如此大的变化，真是让我感到惊喜。

记得小 M 上学期在幼儿园中总是独来独往，不喜欢跟小伙伴玩，遇到自己解决不了的事情偶尔会哭鼻子。但现在看着他脸上带着笑意，回应老师的问题和玩笑，主动在区域中选择和操作，虽然没有主动去找朋友玩耍，但能接受邀请投入游戏之中，学习新早操时始终专注，而且理解音乐信号、动作信号，反应敏锐，让我深刻感受到他长大了，成熟了。

记得小 Y 是一个特别纯真的小朋友，他一直依据自己的感觉来活动，不太理解游戏时间、物品整理这样的一般规则，偶尔会有比较大的情绪，需要慢慢开导。这几天，我发现他能够把水壶放在推车上，鞋子整齐放进鞋柜里，午睡能自己铺被子和叠被子。我看到小 Y 似乎已经开始融入集体，理解集体规则了。

理解变化

自然成长引起了变化。孩子们自然成长的力量是非常大的，让他们拥有越来越强的能力，例如长高了就能够得着放在高处的物品，长结实了在搬抬较大玩具时能得心应手，小手肌肉的发育让各种小工具、文具的使用更容易把握，其他感官的发展让理解和表达能容纳更多的内容、运用更多的形式。

教育带来了变化。父母和老师以身作则的示范是一种无声而有力的教育，我们示范着社会运作规则，示范着对常识的理解和执行，为孩子们提供一个个了解社会的视角。同时父母和老师有意识、有目的的教育能帮助孩子们建立概念，这能支架起孩子们的知识结构，促进能力的提升。

自我意识推动了变化。孩子们意识到自己身份的变化，就会对自己有新的要求。如当孩子们说："我是中班的小朋友了。"这时，他们会接受"中班小朋友"应该自己的事情自己做，和小朋友们商量着玩玩具，一起快乐地做游戏，对别人说话多用"请"和"谢谢"这些规则，这些规则慢慢地也会成为孩子们对自己的要求。

教师策略变化

基于以上的观察和分析，我们做了一些教学安排和教学策略上的调整，其中两项有较好的效果。

营造宽松和自主的班级氛围，把更多事情都交给孩子。如在盥洗环节，让孩子们有自己的"课间十分钟"去安排盥洗的事宜，除了盥洗，还有时间看看书或者和好朋友聊聊天儿。执行后，发现孩子们的自主性和社会性有所提升，表现在盥洗的效率提高了，整体氛围更加宽松，孩子们很愿意利用这段时间找伙伴和老师聊天儿或站在窗户里看外面的事物。

调整班级的区域材料。扩大建构区空间，调整和丰富材料的种类和数量，让空间更宽敞，以便搭建作品可以从垒高平铺到多种材料交叠、架空，辅材的添加也可丰富搭建细节，也支持更多的交流和合作；"娃娃家"更换成表演区，通过丰富道具和服装的种类、数量让孩子的表演获得更多可能性；提高科学区、生活区、美工区操作材料的难度，让孩子的自主选择和操作专注性更有保障，也支持了在创新中获得成就感；图书角除更换书籍外，还增加了自制图书的材料，让孩子们可以画下自己的奇思妙想。

当然，接下来我仍然会根据对孩子们的观察和分析调整我的教育策略，我期待扬帆起航，和孩子们共同成长。

有效果的师幼互动

教学知行录示例9：

【教研室的推荐理由】

吃喝拉撒，是小而又小的事情，对于成人社会的大多数人来说，也许会觉得简直放不上台面。可是，成人社会中的哪一种成功，不需要以吃喝拉撒作为生活基础呢？缺少基本的生活自理能力，又何谈尊严和成功？

幼儿园是孩子们进入的第一个小社会，在这里，孩子们要学习的内容，是未来幸福生活和美好人生的基础——良好的生活习惯、自理能力以及积极的学习品质。

吃饭是谁的事？

卢懿江（教龄1年） 钱丽华（保育老师 教龄6年）

陈映红（保育老师 教龄2年）

【卢老师的观察记录】

家委会组织春游，大家开心极了。午餐时我和五六个小朋友以及他们的爸爸妈妈在同一桌吃饭。

小朋友们大约是玩尽兴了，吃饭相当积极，只有小H，慢腾腾地吃了几口就开始发呆。他的家人催促了几句，似乎没有什么效果。

过了一会儿，另外几个小朋友吃完就到旁边玩了起来。小H的注意力马上被吸引了，手里的饭菜一动不动。家人一边喂了他吃几口，一边对他说："快点，快点，不要发呆，吃完就去玩。"但小 H 仍旧看着不远处的小朋友，嘴里慢腾腾地咀嚼着。

我在旁边鼓励他，"你想和他们玩吗？他们已经吃完饭了，我相信你也超级能干的，可以自己大口大口地吃。"他看了我一眼，咀嚼的速度加快了些。

【钱老师的观察记录和教育行动】

我们班有的小朋友对吃饭不感兴趣，吃得少，自然也吃得慢。常常是饭菜一上桌，就听到小小的声音说："我不想吃青菜。"……

那怎么行啊，挑食偏食肯定会导致营养不良的。我们通过和家长沟通，发现那些大多数在幼儿园里对吃饭缺乏兴趣的小朋友，在家里也吃得比较少。怎么办呢？

我们在班会上专门讨论了这个问题。一方面，我们希望孩子们把一份饭菜吃下去，毕竟食谱是保健医生通过计算营养量制定出来的；另一方面，我们希望提高孩子们对于主动吃饭的兴趣，于是总结了一些小方法。

1. 营养价值大推介

孩子们都希望自己快快长大，于是，每次餐前我们都向大家介绍菜名，仔仔细细讲解这些蔬菜、肉、蛋的营养价值和对身体的好处，以此提升孩子们对食物的接纳度。

2. 换一个说法

语言带给大家的暗示作用其实是很大的，所以我们要说正面的话。

当有的孩子说："老师，我不想吃！"我们就会请孩子换一个说法："老师，我想吃少一点。"

当有的孩子说："老师，我不想吃青菜！"我们就请孩子换一个说法："老师，我只想尝一尝青菜。"

3. 换一个做法

其实孩子和成人一样，一旦发现困难或任务量太大，就容易产生气馁的情绪。

所以，我们在分餐时针对食量小的小朋友先分较小的量，首先消除他们面对饭菜的心理负担，在他们吃完后，再鼓励添一点。

针对吃饭不专心容易开小差的小朋友，我们加大了对其用餐姿势的关注，提醒他们坐姿端正，左手扶碗、右手拿勺子，一口米饭一口菜，专心吃。尽量不给他们开小差的时间。

4. 神奇的毛巾

整洁的环境会让大家拥有愉悦的心情。我们设置了一条神奇的毛巾，放在每一张桌子上，这是用于清洁桌面的公用工具。

有一天，小 C 问我："老师，为什么我们要自己擦桌子？"

我反问："平时在家里是谁擦桌子呀？"

小 C 说："是妈妈擦桌子，小孩子不用擦桌子的。"

我说："现在，咱们把擦桌子学会了，回家就可以帮助妈妈，让妈妈不那么辛苦了。"

经过老师示范、引导，三月过去了，我们班进餐的情况从桌子上、地面到处是米饭和菜，到现在基本每个孩子都会使用神奇毛巾，有自我服务意识，也知道保持桌面干净。

【陈老师的观察记录和教育行动】

我来补充一个在我们班里行之有效的方法。

5. 调整座位

孟母三迁，就是为了给孟子一个利于读书的环境。

我们在观察中发现不同小组的小朋友，吃饭速度是不一样的。吃得慢的、吃饭注意力不集中的往往都集中在某一张桌子。于是我们通过讨论，决定给孩子们调整一下座位。让吃饭专注的孩子影响专注力较弱的孩子。

就从小 A 开始吧。午餐开始了，小 A 发现旁边的小朋友都不说话，专心吃饭，慢慢地也加快了速度，竟然不用催促就把饭菜都吃完了。放碗时还骄傲地对我说："陈老师你看，我吃完了。"我们都对小 A 竖起大拇指。

在第一次调座位取得成功经验后，我们开始了第二轮的小范围座位调整，这次是把几个习惯一边吃饭一边说话的孩子调整到餐车旁边的桌子，这样便于我随时提醒、纠正他们的用餐行为。

一天，二天，三天……经过一周的调整后，孩子们吃饭爱说话、磨磨蹭蹭的问题有了明显改善。好的习惯需要在日常生活中培养，需要成人坚持督促、指导，当然也需要及时的肯定和表扬。

教学知行录示例 10：

【教研室的推荐理由】

很多时候我们在面对孩子时，会不自觉地有作为成人的着急。

发自内心地关爱孩子。如果他不换衣服，肯定会着凉的；如果换衣服慢了，很可能也会着凉的。所以孩子你快点！

出于过来人对危险的警觉。能眼看着孩子从台阶上跳下来吗？万一脚扭了呢？万一正好有另外的孩子经过撞上呢？所以要立刻制止！不仅如此，还要一而再再而三地讲道理、立规则。

来自恨铁不成钢的期许。明明已经教过你好几次了，怎么还不会呢？明明已经约定好了，怎么还犯呢？

有人说，教育是慢的艺术，我们认为，这并非指放纵，而是提醒我们注意用孩子能接受的教育方式，给孩子留出体会和改正的时间，所有的质变都需一点一点量变的积累。让我们不着急，深呼吸，见证小流汇成江海。

不着急！

张蕾（保育员 工龄 15 年）　卢懿江（教龄 1 年）

【故事 1】

进入小班下学期，我突然感觉班上的小朋友都长大了好多。以前在吃饭时坐着不动的小 L 都开始自己动手吃饭了；上学期基本上不和老师交流的小 Z 也变得开朗了，早上来园愿意回应老师的打招呼。

春深了，天气暖和起来，小朋友也渐渐脱掉了厚厚的羽绒服，我看着孩子们越来越适应幼儿园生活的状态，决定开始教小朋友们自己穿衣服、脱衣服和叠衣服。

班级四位老师商量，这是一个小朋友们必须学会的技能，又是每天都能够练习的技能，所以我们打算将这个环节放在午睡起床后，慢慢教，也让孩子们慢慢练。

刚开始，教室里很热闹，充满了小朋友们的叫唤声："老师，我找不到小洞洞。""老师，我的头太大了，脱不出来。"

根据商量的方案，四位老师分工合作，一人关注几个小朋友。有的小朋友表现出比较强的自理能力，稍微帮一下，教一会儿就会了；有的性子急，摆弄了一会儿，见衣服还脱不下来就开始哭；有的小朋友全程一动不动，就等着老师帮忙呢。

面对不会的小朋友，怎么办呢？我们一边教，一边请那些已经学会了的小朋友去教不会的，或者先把衣服套在他们头上，让他们自己慢慢摸索把小手套进袖子里伸出来。

不出一周，小朋友们基本会自己穿、脱衣服了，午睡前还会把衣服叠好放在自己的床头。

经过学穿衣服这个事情，我发现有些事情其实不用操之过急，孩子们慢慢长大，在日常生活中学到的本领就会越来越多；孩子们对于学习新的本领并不抗拒，反而当掌握了，得到老师和小伙伴们的鼓励和赞美时，他们有发自内心的高兴。

【故事 2】

我们早上的户外活动场地在一楼木平台，小朋友们都各自玩开了，可是小 Y 一个人站着不动，我蹲下来问他："你为什么一个人站在这里呀？"他很小声地回答："我找不到玩具。"我便带他走到一整排玩具箱跟前，跟他说：

"你选哪一个都可以。"

这时，旁边正好有两三个小朋友把平衡龟壳翻过来，当成了头盔，举在头顶上嘻嘻哈哈地玩着。小 Y 的注意力被吸引了，他没顾上挑选玩具箱里的玩具，站着好奇地盯了一会儿，便伸手要去拿一个小朋友头上的头盔。我意识到他想要这个玩具，就拉住他的手，把他带到装着平衡龟壳的箱子旁边，说："你可以拿这里面的乌龟壳当头盔。"

随后，戴着大大小小头盔的孩子们跑到一起相互比较着，笑嘻嘻地相互指点"你的是迷你头盔""我的是巨人头盔"。

过了一会儿，我问小 Y："你们的头盔里，谁的最大？谁的最小？"旁边的孩子们嘻嘻哈哈地抢答。小 Y 没吱声，他在认真顶着巨大的头盔，不断做小幅度调整，想要将它平衡地保持在头上。

从上面的片段中可以看到，即便是年龄相仿的孩子，其发展水平也是有差异的。我们往往是在自主游戏中去观察他们的现有水平，再去判断他们需要什么。但我们也明白，即便确定了最近发展区，孩子的学习也不可能一蹴而就，一定是从量变慢慢积累才有质变。所以在一日生活中，我们一定要耐心地反复强调、积极引导，不要着急，一次教不会，就教两次，两次教不会，就教三次。我相信孩子总在进步中，而总有一天他就学会了。

教学知行录示例 11：

【教研室的推荐理由】

老师和孩子之间的关系如何，体现了教师的教育观。我们一贯认为，在学前阶段，老师有时要站在孩子的后面，以便更好地观察孩子的行为，分析判断其水平和需要；有时要站在孩子的身边，作为伙伴和支持，陪伴他们的成长；有时要站在孩子的前面，明确正误，告知善恶，指引前进的方向。"亦师亦友"这个词就可以表达这种关系。

亦师亦友，发现惊喜和阳光

唐亮兰（教龄 31 年）

从 1992 年夏末至今，我也是拿了 30 余年教龄证明的老教师了。在一次同学聚会时，早已离开幼教行业的幼师同学问我："是什么力量使你一直坚持着当老师？"面对这个问题，我的脑海里一下子就浮现出孩子们的笑脸。就是孩子们的天真无邪，让我从未想过离开。

要说起和孩子们之间的关系，我会选择用"亦师亦友"这个词。按道理说，这个词是不是用在成年学生和老师之间会比较合适呢？不，在我眼里，我和孩子们从来都互为老师，彼此是朋友。

我们幼儿园的园本课程也是在阐述课程中老师和孩子之间的关系，教师和幼儿之间有互动，教师、幼儿既受益于课程也作用于课程。

【亦师亦友的故事 1】

小 X 如今已经上初中了，当时他在幼儿园可真是想象力天马行空啊。

在一次午餐后，配班老师带着吃完饭的孩子到楼下散步去了，小 X 吃得慢，等他吃完小伙伴们都溜达远了，保育老师就让他在走廊散步。他绕了两圈就趴在门口摞起的板凳上，眯起左眼，右眼往板凳里的洞眼看。

出于"亦师亦友"的初衷，我当然不会认为成年人就是比孩子强，成年人就应该发现孩子的弱点然后帮助他改正，因此我肯定不会去说类似"你是不是又吃饭慢了跟不上散步啊"这样的话。其实，我更想知道他在看什么。

等他抬起头来，我便问他："你看见什么了？"小 X 瞟了我一眼，说："我看见圆形。"说完又转头趴着看，他无意中把脚伸进最底层的板凳下，惊奇地说："啊，看见了我的鞋子。"这时孩子们陆续回来，也纷纷嚷着要看。我一边提醒大家排队轮流看，一边问："你们看见的东西像什么？"

　　　　小 P 说："好长好长，像高楼大厦。"

　　　　小 Q 说："圆圆的洞像个月亮。"

小 K 说："像深深的下水管道。"

小 X 脑洞大开，说出一连串："像高楼，像火车轨道，像很深的井盖，像铁钻，像鼻孔……"

听到最后一个，大家都哈哈大笑起来，接着又轮着往洞里看，想象越来越多……看着孩子们兴奋的笑脸，听着他们的奇思妙想，我惊喜于孩子们的无限想象力，惊叹于他们奇妙又丰富的世界。

【亦师亦友的故事 2】

有一种类型的孩子，活泼又淘气，常常制造"麻烦"，小 K 就是这样的孩子。上课躺在别人的身上，户外游戏离开集体跑上跑下，玩耍时不知轻重伤及同伴……

唉，时常让活动中途间断，班级秩序乱了章法……这种情况让我头疼了一段时间。

一天晨谈后，情况有了转机。我发现小 K 失去了以往的精神劲，说肚子不舒服，我把他抱在身边，轻轻抚摸他的肚子，喂他喝温开水。这之后他开始愿意和我交流了。

有一次小 K 告诉我，他喜欢小 Y，于是我就安排他和小 Y 坐在一起，还告诉他："要向小 Y 学习哦，要让小 Y 也觉得你是个不错的伙伴。"

孩子就像春天的花，有了阳光就会灿烂，小 K 的"麻烦"逐渐在减少，他对自己有了一些规则上的要求，我看到了他在榜样感染下的努力。

亦师亦友，是我和孩子的相处之道，师角色提供的是指引和支持，友角色给予的是平等和友好。所以，在工作中经常看见惊喜、遇见阳光，我的幼教路上也一直一路芬芳……

图 4.14

后 记

　　在这本书中可以读到我园课程管理者、实践者、参与者的诸多思考，甚至看到幼儿园所有教职员工的影子。我们深深地感受到，一个幼儿园的园本课程，不只是关乎教学部门，也不只是关乎教师和孩子，它会触及幼儿园的每一个人，触及家长、社区工作人员，甚至某个路人甲。因此，本书讲述的故事，凝聚了很多人的爱与智慧，我们衷心地感谢，感谢每一个对我们的课程有直接或者间接帮助的人。

　　本书在编著的过程中得到熊和妮博士的持续指导，她是一个充满教育理想和情怀，又扎根幼儿园教育实践样态的人。在无数次的交流中，她屡屡帮助我们在实践和写作交织的泥淖中重新拾起信心，找到价值和方向。作为实践工作者，我们有幸能在她的陪伴、支持、指导下践行我们共同的教育理想。

　　在课程建设过程中，我们一直将课程理念、目标一以贯之在课程实践、教研培训以及日常工作的方方面面。因此，撰写本书，其实就是汇总梳理日常的工作情况和资料，所以也是我们对课程建设过程的一份总结与反思。为此，要感谢我们的团队踏踏实实、认认真真走过的每一步，让我们将此书作为共同成长的记录。

　　最后，要感谢深圳市、区教育局对学前教育的重视，为幼儿园教学人员提供开放、分层、高规格、细致的学习和培训机会；感谢在幼儿园工作实践中给予指导的专家、前辈；感谢团队中每一分子的学习热情和思想贡献；感谢热情投入，对老师无比信任的孩子和家长；感谢所有心中有爱、眼里有美、身上有光的幼教同路人。

林密　石梅　康璐昕